독자의 1초를
아껴주는 정성을
만나보세요!

세상이 아무리 바쁘게 돌아가더라도 책까지 아무렇게나 빨리 만들 수는 없습니다.

인스턴트 식품 같은 책보다 오래 익힌 술이나 장맛이 밴 책을 만들고 싶습니다.

땀 흘리며 일하는 당신을 위해 한 권 한 권 마음을 다해 만들겠습니다.

마지막 페이지에서 만날 새로운 당신을 위해 더 나은 길을 준비하겠습니다.

KB072606

개발자가 되고 싶습니다

I want to be a developer

초판 발행 · 2023년 4월 26일

지은이 · 앨런
발행인 · 이종원
발행처 · (주)도서출판 길벗
출판사 등록일 · 1990년 12월 24일
주소 · 서울시 마포구 월드컵로 10길 56(서교동)
대표 전화 · 02)332-0931 | **팩스** · 02)323-0586
홈페이지 · www.gilbut.co.kr | **이메일** · gilbut@gilbut.co.kr

기획 및 책임 편집 · 변소현(sohyun@gilbut.co.kr) | **디자인** · 박상희 | **제작** · 이준호, 손일순, 이진혁, 김우식
마케팅 · 임태호, 전선하, 차명환, 박민영, 지운집, 박성용 | **영업관리** · 김명자 | **독자지원** · 윤정아, 최희창

교정교열 · 이미연 | **전산편집** · design KEY | **출력 및 인쇄** · 금강인쇄 | **제본** · 금강인쇄

ISBN 979-11-407-0427-9 13000
(길벗 도서코드 080352)

정가 20,000원

독자의 1초를 아껴주는 정성 길벗출판사

(주)도서출판 길벗 | IT교육서, IT단행본, 경제경영서, 어학&실용서, 인문교양서, 자녀교육서
길벗스쿨 | 국어학습, 수학학습, 어린이교양, 주니어 어학학습, 학습단행본

페이스북 · https://www.facebook.com/gbitbook

개발자가

비전공자도 할 수 있는 개발자 취업의 모든 것

되고 싶습니다

앨런 지음

길벗

비전공자로 개발 공부를 시작한 저자의 모든 고민과 시행착오, 진실된 조언들이 녹아 있습니다. 개발자가 되기 위해 고민하거나 이제 막 개발 공부를 시작했다면 망설이지 마세요. 당신의 고민 끝에 갈 길을 보여 주고 당신의 노력에 확신을 줄 것입니다.

김도엽 | 전 투자운용사 대표

개발자를 꿈꾸는 사람들을 위한 전략적인 취업 안내서입니다. 특히 비전공자들을 대상으로 프론트엔드, 백엔드, 모바일 분야에서 개발자로서 첫발을 내딛는 데 필요한 실용적인 조언을 하고 있습니다. 취업 준비를 위한 공부 과정과 면접에 관한 팁들도 유용할 것입니다.

김푸르뫼 | 카카오 모빌리티 개발자

대한민국에서 취업 준비생은 조급할 수밖에 없고 다른 경쟁자들보다 더 좋은 조건을 갖추기 위해 항상 노력해야 합니다. 그런데 그런 무게감을 내려 놓고 이 책에 제시되어 있는 길을 따라가 보세요. 많은 개발자 중에서도 나만의 특별한 존재감을 보여 줄 수 있는 방법이 보일 것입니다.

김은상 | 대학생

비전공자인 저자가 개발자가 되어 많은 이를 교육하면서 얻은 공부 방법과 취업 노하우를 고스란히 담고 있습니다. 개발자가 되고 싶지만 방법을 모르거나 어려움을 겪고 있는 분이 있다면 이 책을 가이드 삼으세요. 자신감 부여와 성장에 도움이 될 것입니다.

전은석 | 라인프렌즈 개발자

저도 개발자로 커리어를 전환하면서 여러 시행착오를 겪었습니다. 당시 '이런 책이 있었다면 얼마나 도움이 됐을까, 불필요한 시간 소비를 줄일 수 있지 않았을까'라는 생각이 듭니다. 프로젝트 매니저로 일하는 지금도 이 책은 많은 도움이 됩니다. 개발자와 소통하기 원하거나 혹은 개발자를 이해하고 싶은 현업의 디자이너, 프로젝트 매니저, 스타트업 CEO 분들에게도 이 책을 추천합니다.

김천수 | 하이퍼하이어 프로젝트 매니저

이 책은 개발에 대해 폭넓게 다루면서 저자의 독특한 도전 정신과 실제 경험에서 배운 교훈들을 통해 독자에게 열정과 자신감을 불어넣습니다. 더불어 기술 면접 대처법, 개발에 적합한 공부법, 흔들리지 않고 공부하는 방법 등을 저자의 경험과 삶에서 묻어 나오는 조언과 함께 소개합니다. 그저 자신의 성공담을 얘기하는 것이 아니라 독자들이 자신의 인생을 살면서 실제로 적용할 수 있는 가치를 전달합니다. 저자의 용기와 열정을 배워 이 책을 보는 모든 분이 성공적인 도전을 이어갈 수 있기를 바랍니다.

정창식 | 유어코드 대표

개발자로 전향하고자 고민할 때 궁금했던 내용을 저자의 경험을 살려 구체적이고 세세히 조언해 주어 좋았습니다.

김은지

'비전공자의, 비전공자에 의한, 비전공자를 위한' 이 한 문장으로 이 책을 설명할 수 있습니다.

황태현

300페이지가 안 되는 책에 개발자가 되기 위한 모든 내용이 함축되어 있습니다. 저자는 자진해서 길잡이가 되길 희망합니다.

김하은

개발자가 되기 위해 어떻게 방향을 잡을지 A to Z로 1:1 컨설팅을 받는 느낌이었습니다.

황윤주

코딩을 시작하는 누구나 시행착오를 겪을 수밖에 없는데, 저자는 자신의 경험을 토대로 시행착오를 줄여 주는 가이드라인을 제시합니다.

이상엽

저도 비전공자로 개발을 시작하면서 쉽지 않았던 기억이 떠올라 저자의 경험과 충고가 10년 전에 있었다면 얼마나 좋았을까 하면서 읽었습니다.

이호철

엔지니어에서 개발자로 이직하려는 지금 제 상황에서 많은 용기와 위로를 받을 수 있었고 제 자신을 더 믿기로 했습니다.

김혜진

부트캠프 수료를 앞두고 앞으로 나아가야 할 명확한 가이드를 받았습니다.

김유원

목차

5부 〉 마지막으로 당부의 말

나는 경영학을 전공해 대학 시절에는 회계사를 준비했었다. 하지만 은행원으로 첫 직장 생활을 시작하게 됐고 중소 기업에서 재무/회계 업무를 2년간 했다. 그러다가 늘 꿈꾸던 스타트업을 공동 창업했다.

- **첫 번째 창업** : 기획자이자 공동 창업자로 SNS 앱 출시
- **두 번째 창업** : 스타트업과 투자자를 이어주는 크라우드펀딩 서비스의 초기 멤버로 참여

부푼 꿈으로 시작한 스타트업은 실패와 시행착오의 연속이었다. 그래도 4년 동안 여러 개발자와 협업할 수 있었다.

2번의 스타트업 실패 후, 궁극적으로 내 서비스를 만들기 위해 이번에는 직접 개발을 배워 보자고 결심했다. 개발자에 도전하기로 마음먹은 그때, 내 나이는 서른 중반을 넘기고 있었다. 2019년 3월부터 8월까지 6개월 과정의 iOS 개발 과정을 수료하고 그 이후에는 독학했다.

같이 학원을 다녔던 친구들은 개발자로 취업했다. 나는 직접 앱을 개발하며 다시 스타트업을 창업했다. 정부 지원금을 신청했는데 못 받게 되며 사업이 중단됐다. 그러던 중 우연한 기회에 개발 과외를 해 내가 가르친 친구를 개발자로 취업시켰고 그 일을 계기로 온라인 강의까지 출시하게 되었다.

현재는 스타트업에 대한 꿈을 잠시 보류하고 강의에 매진하고 있다. 비전공자로서 개발자 준비 과정에서 겪은 시행착오 경험을 살려 '개발자 취업' 강의와 내 이름을 건 'iOS 앱 개발 부트캠프'를 운영 중이다.

책을 집필한 이유

비전공자로서 개발자가 되기 위해 4년 넘게 공부하며 직접 개발해 보니 처음 공부하는 사람은 누구나 나와 비슷한 상황에 놓인다는 것을 알게 됐다. 같이 공부했던 비전공자 친구들도 똑같은 어려움을 겪었고, 이야기를 나눠 본 개발자 지인들도 크게 다르지 않았다.

이런 힘든 경험을 하고 난 지금, 결론은 무엇일까?

"개발은 생각보다 어렵지 않다."

개발자가 되려고 시도했다가 포기한 사람이 있다면 아마도 잘 가르치지 못하는 강사를 만났고 진도까지 빨라 수업 대부분이 이해되지 않았을 가능성이 높다. 내용을 이해하지 못한 상태에서 재미를 느낄 틈도 없으니 급기야 '개발이 적성에 맞지 않는다'는 결론에 도달해 포기하게 된다. 많은 초심자가 이처럼 잘못된 방식으로 공부하며, 개발에 재미를 찾지 못하고 스트레스만 받다가 중도에 포기한다. 나 또한 그렇게 될 뻔한 사람 중 한 명이다.

개발을 공부할 때는 개발에 적합한 방법으로 접근해야 한다. 누군가에게는 사소할 수 있지만, 이런 점을 미리 알고 시작해야 비전공자도 '실패하지 않는' 개발 공부를 할 수 있다.

내가 깨달은 점을 여러분에게도 공유하고 싶다. 아주 조그마한 팁을 알려 주려는 것이 목적이다. 이 팁들을 안다면 덜 고생하며, 중간에 포기하지 않을 수 있다고 믿는다. 이제 4년 차 개발자가 된 나는 개발자가 되는 것은 '누구나 가능'하며, 절대 어렵지 않다고 생각한다.

개발에 전혀 소질이 없다고 생각했던 나도 해냈다. 심지어 나처럼 비전공자인 이들을 개발자로 취업할 수 있게 가르쳤으며, 이제는 온라인 강의를 만들어 전공자까지 가르치는 나름 인기 강사가 됐다. 현재까지 누적 수강생 수백 명에 유료 강의 수강평은 지난 몇 년 간 만점을 유지하고 있다. 내 강의를 정말로 좋아해 주는 팬들도 있다. 내가 가르친 1~3년 차 현직 개발자들이 '네카라쿠배(개발자 대우가 좋은 회사인 네이버, 카카오, 라인, 쿠팡, 배달의민족을 묶어 부르는 말)'로 이직에 성공하기도 했다.

이런 결과가 과연 내가 잘해서일까? 아니다. 나는 남들보다 더 많이 삽질했고, 그래서 개발 공부의 방향성만큼은 누구보다 많이 고민했다. 물론 지난 4년간 쉼 없이 '좋은' 개발자로 성장하기 위해 전공자 이상으로 공부하고 노력했다.

이런 나의 경험을 공유하기 위해 이 책을 집필했다. 이 책에 나의 삽질과 고민을 모두 담았다. 학원에 가기 전에는 무엇을 준비해야 하는지, 개발 공부를 할 때 겪는 시행착오에는 어떤 것이 있는지, 올바른 공부 방향은 무엇인지를 미리 알고 시작하자. 그러면 적어도 나와 같은 삽질, 즉 시행착오를 겪지 않거나 겪게 되더라도 그 정도를 확실히 낮출 수 있다.

누군가는 '개발이 어렵다', '내 적성에 맞지 않는다'는 결론에 빠르게 도달해 쉽게 포기했을지 모른다. 하지만 꽤 높은 연봉을 받으며 어떤 기업에서나 채용하고 싶어 하는 개발자로 사는 것, 그것은 누구라도 가능하다. 이제 그 이야기를 시작해 보자.

개발자가
되고 싶습니다

1부

개발자 전망과 개발 분야 소개

1장

왜 개발자가
되어야 하는가

변하는 세상, 다가올 미래

개발자가 각광받기 시작한 것은 최근 몇 년 사이 일이다. 하지만 앞으로도 개발자가 필요한 일도, 개발자가 필요한 곳도 훨씬 많아질 것이다. 개발자에 대한 수요는 왜 많아지는지, 우리는 무엇을 어떻게 준비해야 하는지 생각해 보자.

당연하다고 생각하기에는 급격한 변화

세상은 변한다. 누군가는 "너무 당연한 것 아니야?"라고 반문할 수도 있다. 하지만 나는 '세상이 변한다'는 사실을 뼈저리게 체험하고, 이를 내 인생의 가장 중요한 모토로 삼고 살아간다.

지금이야 모든 것이 인터넷으로 연결되는 것이 당연하지만 2000년대 초까지는 그렇지 않았다. 그때 내 아버지는 인터넷 동영상 강의 사업을 시작했다. 그때만 해도 인기 강사의 강의를 듣기 위해 새벽부터 긴 줄을 서서 학원을 등록하던 시절로, '동영상 강의'라는 개념조차 없던 때였다.

물론 그때도 광랜의 등장과 함께 인터넷 속도가 빨라지고 있었다. 하지만 그 시절 나는 '무엇인가를 배운다는 것은 면대면으로 이루어져야 한다'

고 생각했다. 그래서 '동영상 강의 사업이 될리가 없다'고 의심했다. 역시나 아버지의 사업은 망했다.

그런데 지나고 보니 시기가 너무 빨랐을 뿐이었다. 그로부터 3~4년 뒤 메가스터디가 등장해 인터넷 동영상 강의로 입시 강의 시장을 점령했다. 나 역시 대입을 준비하면서 모든 강의를 인터넷으로 들었다. 그렇게 몸소 체험한 세상의 변화는 충격적이었다.

'아, 세상이 변하는구나.
없던 개념이 생겨날 수도 있고,
패러다임이 완전히 변할 수도 있구나.'

'세상은 변한다'는 관점으로 세상을 바라보면 놀랄 일이 무척 많다. 내비게이션만 해도 그렇다. 고등학교를 졸업하자마자 면허를 땄는데 그때는 지도를 보며 운전했다. 그러다가 내비게이션을 처음 봤을 때는 신기함을 넘어 충격적이기까지 했다. 아이폰은 또 어떤가. 스티브 잡스가 아이폰을 발표하던 장면은 영화에서나 보던 미래를 본 것 같아 어떤 면에서는 두렵기도 했다.

지금은 그때보다 훨씬 많이 변했고, 더 빠르게 변화하고 있다. 앱으로 출발지와 도착지를 찍으면 어떤 교통수단을 이용해 어디에서 어떻게 이동하면 되는지 바로 알 수 있다. 지하철을 환승할 때 가까운 열차 칸도 알려 주고, 타려는 버스가 몇 분 뒤에 도착하는지도 알 수 있다. 또 유튜브 YouTube, 넷플릭스Netflix 같은 동영상 서비스를 손바닥만 한 크기의 스마트폰에서 즐길 수 있고 카카오톡 같은 메신저도 무료로 이용할 수 있다. 지금은 너무 당연하게 받아들이는 것들이 내가 어렸을 때는 존재하지도 않았다. 그러니 변화의 관점에서 보면 우리 삶의 방식은 확연하게 달라졌다.

세상을 바라보는 관점 바꾸기

우리는 세상의 변화를 너무나 자연스럽게 받아들이며 살고 있다. 그래서 조금은 무감각하기까지 하다. 이런 세상의 변화가 자신과 큰 관련이 있다고 느끼기보다는 단순히 생활을 좀 더 편리하게 해 주는 IT 기기가 출시된 것뿐이라고 대수롭지 않게 여기는 경향이 크다.

변화가 당연한 것일 수 있다. 하지만 앞으로 10년, 20년 후를 생각해 보면 과거 20년보다 훨씬 더 급격하게 바뀔 것이 분명하다. 자동차를 AI가 자율 주행하고 화상 통화를 홀로그램으로 생생하게 하는 것이 일상이 될지도 모른다.

유튜브에서 'Microsoft Hololens'를 검색해 보자. 홀로렌즈는 마이크로소프트가 컴퓨터와 스마트렌즈를 결합해서 만든 신개념의 AR 기기다. 영상을 보면 공장의 기계가 고장 났는데 기계를 볼 수 있는 전문가가 멀리 떨어져 있는 상황이다. 그림 1-1에서 볼 수 있듯 공장 직원은 홀로렌즈를 끼고 자신이 보는 기계 화면을 원격지에 있는 전문가와 공유한다. 전문가는 화면을 통해 어느 전선에 문제가 생겼고 어디를 손봐야 하는지 공장 직원에게 화살표를 그려 위치를 알려 준다. 멀리 떨어져 있지만 실제 기계 앞에 있는 것처럼 문제를 해결한다. 이와 같이 홀로렌즈를 이용하면 공간의 한계를 뛰어넘어 사물을 입체적으로 볼 수 있고 이를 통해 작업의 효율성을 끌어올릴 수 있다. 내가 이 영상을 보고 받았던 충격이 조금이라도 여러분께 전달되면 좋겠다.

▼ **그림 1-1** 마이크로소프트의 홀로렌즈(출처: 마이크로소프트 홀로렌즈 유튜브)

변화가 일어날 때는 항상 새로운 먹거리가 존재한다. 그래서 누군가는 변화하는 가운데서 새로운 기회를 모색해 돈을 번다. 우리 모두가 스티브 잡스나 일론 머스크처럼 비즈니스 관점에서 완전히 새로운 판을 짜는 능력을 갖춰야 한다고 말하려는 것이 아니다. 또 누구나 사업해야 한다고 말하고 싶은 것도 아니다. 다만, 세상을 바라보는 관점을 조금만 바꿔도 최소한 앞으로 경제적인 고민을 덜 하며, 남들보다 더 빠르게 변화에 대처할 수 있는 적응력을 키우며 살 수 있다고 말하려는 것이다. 변화는 세상을 바라보는 관점을 바꾸는 데서 시작한다.

제발, 단순히 '아, 그냥 또 새로운 기기가 나왔네? 흥미롭군!' 이런 관점으로 보지 않길 바란다.

개발을 배워야 하는 이유

'개발자가 취업이 잘 된다, 높은 연봉을 받을 수 있다'는 뉴스를 보고 개발 공부를 시작하는 사람들이 꽤 많다. 현재의 낮은 연봉과 직업에 대한 불만족으로 개발 분야로 전직하려고 도전하는 경우다. 그런데 단순히 높은 연봉을 바라고 개발을 배우기 시작했다가 중도에 포기하는 사례 또한 많다. 몇 개월 공부해 보고 본인의 적성에 맞지 않는다는 것을 깨달은 후 시작이 쉬웠던 것처럼 포기도 쉽게 해 버린다.

나도 한때 개발이 적성에 맞지 않는다고 생각했던 적이 있다. 사실 누구나 개발자가 될 수 있을 정도로 '개발' 자체는 크게 어렵지 않다. 물론 이렇게 느끼기까지 최소 몇 개월 이상 공부하고 노력하며 보냈다. 그래서 그런 인고의 시간이 필요하다는 것은 부인할 수 없다.

이 절에서는 개발자가 되기까지 인고의 시간을 어떻게든 뛰어넘을 수 있도록 개발을 배워야 하는 목적과 이유에 대해 이야기하려고 한다. 개발을 배우는 것은 어쩌면 앞으로 5년 후, 10년 후 세상의 변화에서 직업적으로 소외되지 않기 위한 운명적 선택일지도 모른다.

사라지는 직업들

세상이 변화하는 한가운데에는 항상 그 뒤를 따르는 산업 패러다임의 변화 또한 함께 있다. 돈을 버는 방법이 달라지고 이에 따라 기업의 목표와 체질도 변한다. 여기서 눈여겨볼 점은 사람들이 일하는 방식과 직업 패러다임 또한 완전히 달라질 수 있다는 것이다.

예전에는 있었지만 현재는 사라진 일이나 직업이 너무 많다. 예를 들어, 은행에서 사람이 직접 손으로 하던 장부 작성이나 회계 처리가 대부분 전산화됐다. 카페나 음식점에서 점원 대신 앱이나 키오스크로 주문과 결제를 받고 있다. 미국에서는 아마존 고Amazon Go를 통해 직원 없는 마트와 편의점이 확산하고 있다. 계산대에서 일일이 물건을 등록하고 계산할 필요도 없다. 매대에서 물건을 짚기만 해도 인공지능 기술이 어떤 물건을 집었는지 인식해서 그냥 들고 나가기만 해도 계정에 등록한 카드로 자동 결제된다.

▼ **그림 1-2** 줄을 서지도, 계산대에서 결제하지도 않는 아마존 고(출처: 아마존 유튜브)

테슬라의 자율주행 기술은 고속도로에서 인간이 직접 운전하지 않아도 될 정도로 발전했다. 조심스럽게 예상해 볼 때, 앞으로 10년 내외로 자율주행 세상이 온다면 운전과 관련한 직업 대부분이 사라지지 않을까?

그렇다면 인간을 대체하는 기술의 발전을 막기 위해 이런 기술을 더 이상 연구하지 못하게 시위라도 해야 할까? 아니면 사라질 직업에 대비해 미래를 준비해야 할까? 간단한 예를 몇 가지 들었을 뿐이지만, 산업 분야의 곳곳에선 이미 이런 일들이 일어나고 있다. 예전에는 '사람만이 할 수 있다고 생각했던 일자리'를 기계와 로봇이 대체하고 있고 앞으로도 그럴 것이다.

앞으로 인간이 하게 될 일

앞으로 인간은 단순 노동에서 벗어나 '더 가치있는 일' 위주로 하게 될 것이다. 인공지능이 작동할 알고리즘을 생각해 내고, 기계가 일할 수 있도록 더 높은 차원의 문제를 고민하고 해결하면서 기계는 할 수 없는 '더 사람다운 일'을 하게 될 것이다.

이런 사람다운 일 중 핵심은 코딩, 즉 프로그래밍이다. 키오스크가 사람을 대체했지만 키오스크의 주문 시스템을 만드는 것은 결국 사람이다. 생산직이 필요 없는 공장 자동화가 이루어지더라도 기계가 어떤 순서와 방식으로, 어떤 알고리즘으로 동작해야 하는지 그 내부 로직을 만드는 것 또한 사람이다.

그뿐만인가? 앱으로 커피를 주문하거나 내비게이션 길 찾기를 이용하는 일, 실시간으로 메시지를 주고받고 영상 통화를 할 수 있게 만든 일 등 세상의 모든 변화는 인간이 프로그래밍을 통해 실현한 것이다. 그러니 아무리 인간의 일자리가 줄어든다 하더라도 인간을 대체하고 있는 기계의 핵심 소프트웨어 기술을 만드는 사람, 즉 개발자에 대한 수요는 늘 수밖에 없다.

또한, 지금 시대에 웬만한 소기업이 아니고서는 홈페이지가 없는 회사는 없다. 요즘은 웹보다 모바일 접근성이 좋아 홈페이지뿐만 아니라 앱을 만들어 사용자에게 편의를 제공하기도 한다. 이 서비스들은 모두 프로그래밍으로 구현한 것이고, 이를 위해 개발자(프로그래머)가 필요하다.

인터넷에 흩어져 있는 자료를 수집하느라 하루 종일 걸리던 일도 간단한 파이썬 프로그래밍으로 단 몇 초만에 끝낼 수도 있다. 간단한 프로그래밍으로 단순하고 반복적인 작업을 자동화할 수 있기 때문에 훨씬 더 효율적으로 일할 수 있다. 이런 시대에 어찌 보면 초등학교에서 코딩을 배우고 중학교에서 '정보'가 필수 과목이 된 것은 당연한 수순이다.

앞으로 수년 안에 모든 분야에 점차 프로그래밍을 접목하게 될 것이다. 모든 분야가 프로그래밍과 떼려야 뗄 수 없게 되고, 그런 세상이 오면 모든 산업 분야에서 일하는 절차와 방식도 바뀔 수밖에 없다. PC와 인터넷이 등장하면서 모든 문서 작업과 의사소통이 컴퓨터로 대체된 것처럼 말이다.

그러므로 당장 개발(프로그래밍)을 배워야 한다. 직업 패러다임의 변화에 앞서 지금 시작해야 한다. 이 사실은 거스를 수 없는 또 다른 산업혁명으로의 진입에 대한 이야기다. 아직 늦지 않았다. 5년 후, 10년 후, 개발(프로그래밍)을 피할 수 없어서 마지못해 배우게 되는 그런 날이 오기 전에, 지금 바로 개발을 배우기 시작해야 한다.

하나 더 알기 **프로그래밍, 코딩, 개발**

일반적으로 프로그래밍을 코딩 또는 개발이라고도 한다. 이 세 용어는 거의 구분 없이 사용하는데, 컴퓨터에서 동작하는 프로그램(program)을 만든다는 측면에서 '프로그래밍(programming)'이라 하고, 프로그래밍 언어를 사용해 코드(code)를 써 내려가는 일이 주이기 때문에 '코딩(coding)'이라고도 한다. 또 무언가를 만들어 내므로 훨씬 넓은 범위에서 '개발(development)'이라고도 한다. 그래서 '프로그래머', '개발자'라는 용어가 직업을 지칭하는 말로 사용된다. 다만, 가끔 코드를 짜는 사람이라는 의미로 '코더'라는 말도 쓰는데, 이 용어는 일반적으로 어떤 생각이나 고차원의 설계 없이 단순히 코드를 작성하는 사람, 실력 없는 프로그래머를 비하하는 말로 사용되기도 하니 주의해야 한다.

직업으로서 개발자의 장점

지금까지 세상의 변화를 살펴보며 개발을 배워야 하는 이유에 대해 짚어 봤다. 이런 대단한 이유 말고, 개인이 직업 선택의 차원에서 개발자가 되면 좋은 점에 대해 짚어 보겠다.

전문직이다

전문직의 특징은 무엇일까? 오랜 시간을 투입해서 해당 기술을 익히고, 연마하고, 연구한다. 그렇게 전문성을 쌓으면 그때부터는 아무나 쉽게 그 전문성을 대체하기 어려워진다. 그래서 전문직은 연차와 경험이 쌓일수록 기술과 노하우가 축적돼 가치를 더 인정받는다. 그리고 변호사나 회계사 같이 직종과 분야를 가리지 않고 어떤 산업에나 필요한, 즉 더 다양한 분야와 접목될 수 있는 전문직일수록 여러 분야와 결합해 시너지를 낼 수 있기 때문에 메리트가 더 크다.

그렇다면 개발자는 어떨까? 개발자도 전문직이다. 꽤 오랜 시간을 들여 공부해야 하고, 연차와 경험이 쌓일수록 가치가 올라간다.

수요가 많아 이직의 기회가 많다

개발자 수요도 많다. 대부분의 기업이나 모든 산업 분야는 IT를 기반으로 새로운 수익을 창출하길 원한다. 그래서 개발자로 3년 정도 연차가 쌓이면 이직의 기회가 많다. 업계에서 5년 차 이상의 숙련된 개발자를 구하기 힘들어 할 정도다. 기업에서 수시 채용이 완전히 자리잡으면서 이직의 기회가 많아졌고, 경력직을 뽑아 내부적으로 업무 적응 절차를 최소화하려는 경향도 커지고 있다.

프리랜서, 창업, 해외 취업 등 선택지가 다양하다

개발자가 되면 회사에 취업하는 것 외에도 다양한 길을 선택할 수 있다. 군이 회사에 소속되지 않고도 외주로 고객이 원하는 것을 개발해 주고 돈을 벌 수도 있다. 요즘은 외주 개발 플랫폼도 다양하기 때문에 완전히 프리랜서로 일하는 것이 가능하다. 프리랜서가 되면 얼마든지 본인이 원하는 시간에 자유롭게 일할 수 있고, 어떤 일을 하느냐에 따라 회사에 다닐 때보다 돈을 더 많이 벌 수 있다. 프리랜서로 일하다가 다시 회사에 들어갈 수도 있다.

개발 프리랜서가 이용하는 외주 전문 플랫폼으로는 위시켓Wishket과 크몽Kmong이 있다. IT 개발을 원하는 고객과 개발 프리랜서 또는 외주 개발 회사를 연결해 준다.

- **위시켓** : wishket.com
- **크몽** : kmong.com

▼ 그림 1-3 개발 외주 전문 플랫폼 위시켓과 크몽

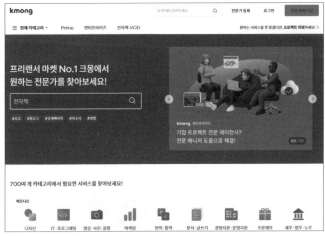

　또한, 본인이 생각한 아이템(아이디어)으로 창업할 수도 있다. 홈페이지나 앱 서비스를 다른 사람의 도움을 빌리지 않고 직접 만들 수 있으니 창업 실패에 대한 기회비용이 현저하게 줄어든다. 직장에 다니면서 퇴근 후나 주말을 활용해 서비스를 만들어 출시할 수 있고, 해당 서비스가 시장에서 사용자에게 좋은 평가를 받으면 그때 가서 회사를 그만두고 사업에 올인할 수 있다.

개발자로 일하면 다른 직종에 비해 해외 취업도 쉬운 편이다. 법률이나 금융, 마케팅 등의 분야에서 외국인과 일하려면 영어가 능숙해야 한다. 하지만 개발자는 코드로 모든 업무 소통이 가능하기 때문에 간단한 의사소통만 할 줄 알면 코드만으로도 얼마든지 전문성을 어필할 수 있다. 게다가 서양인은 동양인 개발자에 대해 '똑똑하고, 성실하고, 열심히 일한다'는 이미지를 갖고 있어 긍정적인 시선으로 바라보는 경향이 있다. 그래서 링크드인LinkedIn 같은 비즈니스 인맥 플랫폼에 이력서를 올려놓으면 이직 제의를 많이 받기도 한다. 실제로 그렇게 이직을 제안받아 미국(실리콘밸리), 유럽, 호주 등에서 일하는 '한국인 개발자'를 심심치 않게 볼 수 있다.

- **링크드인**: linkedin.com

▼ **그림 1-4** 비즈니스 인맥 플랫폼 링크드인

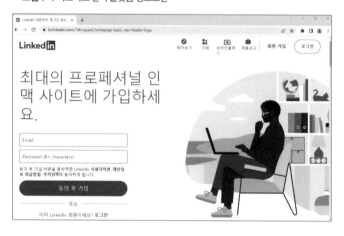

이처럼 개발자가 되면 업무 형태를 본인이 결정하기가 비교적 쉽다.

개발자에 대해 자주 묻는 질문과 답변

소질이 없거나 적성에 안 맞으면 어떡하죠?

개발을 배우기로 마음먹은 사람 중에 '혹시 내가 개발에 소질이 없거나 적성에 맞지 않아서 개발자가 되지 못하면 어떻게 하나' 걱정하는 사람들을 꽤 보았다. 이 부분에 대해 솔직하게 말하면, 누구나 '천재' 소리를 듣는 슈퍼 개발자가 될 필요는 없으니 그런 걱정은 접어 둬도 된다.

슈퍼 개발자가 되지 않아도 된다. 간단한 웹 페이지나 앱을 만드는 일은 1~2년 정도만 숙련하면 어렵지 않다. 내 적성이 개발과 완벽하게 맞지 않아도 그 자체에 보람을 느끼며 재미있게 일할 수 있다. 일단 책이나 강의에서 배운 내용을 활용해 복잡하지 않은 간단한 웹 페이지나 앱을 만들어 보면서 작은 흥미를 느끼는 것부터 시작하면 충분하다.

원하는 개발 분야에서 아주 기본적인 것들만 할 줄 알아도 충분히 취업할 수 있고, 취업한 후에 3년 정도 꾸준하게 일하면 어떤 회사에 가도 기본 이상을 하는 개발자로 인정받을 수 있다. 개발자는 아무나 할 수 없는 엄청난 직업이 절대 아니다. 예체능처럼 타고난 운동 신경이나 음악, 미술 재능이 필요한 것이 아니다. 논리적 사고력만 있으면 누구나 할 수 있고 생각보다 재미있다고 느낄 수도 있다.

학벌은 중요하지 않은가요?

개발자만큼 학벌의 영향을 받지 않는 전문 직종은 드물다. 개발은 오로지 코드로 자신의 실력을 보여 주는 분야다.

다른 직종은 어떨까? 마케터를 생각해 보자. 마케터는 본인의 실력을 직접 보여 주기가 힘들다. 과거에 수행했던 프로젝트/포트폴리오를 보여 줄 수도 있지만 모든 프로젝트가 다 성공적이었다는 것을 증명하기 어렵다. 심지어 사회 초년생은 자신의 아이디어로 혼자서 모든 것을 기획해 처음부터 끝까지 진행했던 프로젝트라고 내세우기가 더 힘들다. 대부분 팀장 등 결정권자의 지휘 아래 주어진 아주 작은 역할만 했을 뿐일테니까.

하지만 개발은 다르다. 코드로 구현한 한 줄 한 줄이 본인의 실력을 증명하는 수단으로 쓰인다. 개발 이외의 분야에서는 직접 증명하기 힘든 것들이 개발 분야에서는 가능하다. 일말의 작은 생각이라도 모두 코드로 증명할 수 있다. 본인이 생각한 로직을 코드로 구현하므로 신입 개발자든 경력 개발자든 코드만 봐도 실력이 어떤지 알 수 있다. 실제로 고졸 출신이어도, 비전공자여도 개발자로 인정받는 경우가 많다. 오로지 코드라는 아주 객관적인 기준으로 평가받을 수 있기 때문이다.

나이가 많은데 괜찮을까요?

신입 개발자로 취업하기 쉬운 나이는 일반적으로 34살까지다. 부트캠프(개발자 양성 과정을 뜻하는 말로 3장에서 설명한다)나 학원에서 33~34살도 꽤 볼 수 있고 31~32살은 흔하다. 비전공자로 다른 직종에서 일하다가 전직을 위해 개발자가 되겠다고 결심하고 온 경우다. 그래서 국비지원 학원 등 코딩 학원에 가 보면 개발을 공부하기 시작한 30대가 많이 보인다. 내가 학원에서 개발을 공부할 때도 수강생의 평균 나이가 31살이었다.

개발자가 되는 데 나이는 중요하지 않다. 신입으로 취업할 수 있는 나이를 34살 정도로 보지만, 35~36살에 신입으로 취업한 사람들도 있다. 심지어 41살에 신입으로 취업한 경우도 봤다. 흔한 경우는 아니지만 마흔이 넘었어도 항상 배우고, 겸손하며, 무엇보다 실력이 있으면 뽑지 않을 이유가 없다.

사실 마흔에 신입 개발자로 취업하려고 생각한다면 왜 불안감이 없겠는가. 그러나 그 마음은 잠시 접어 두자. 나이가 많아서 개발 공부를 시작할지 말지 걱정하는 사람이 있다면, 그럴 시간에 공부 한 자 더해서 실력을 키우는 것에 집중하라고 조언한다. 걱정한다고 현실이 달라지진 않는다. 실력만 좋다면 나이가 많든 적든 기회는 오기 마련이다. 차라리 누구도 무시하지 못할 실력을 갖추는 것에 힘쓰기 바란다.

나이가 어려도 마찬가지다. 고등학생, 대학생도 큰돈을 받으면서 프리랜서나 인턴 개발자로 일하는 것을 꽤 봤다. 이는 경력이 많지 않더라도 코드로 자신의 가치를 증명할 수 있다는 말이다.

나이가 많아도 적어도 기회는 얼마든지 있다. '실력만 있다면 무조건 취업은 가능하다'는 것을 믿고, 남들보다 더 잘할 수 있는 것은 '오로지 노력'이라는 생각만 하길 바란다. 이 바닥은 오직 실력으로 인정받는다는 사실을 잊지 말자.

공백이 길었는데 괜찮을까요?

요즘 개발자 취업 준비생을 보면 취업까지의 공백이 꽤 긴 경우들이 있다. 대학을 졸업하고 3~4년 동안 취업이 안 돼 방황하다가 해외로 워킹홀리데이를 다녀오거나 이곳저곳에서 아르바이트하다가 개발자로 취업을 준비하게 된 경우다.

개발자로 취업하는 것에서 경력 공백은 중요하지 않다. 개발은 전문직이라서 일한 기간보다 실력이 중요하다. IT 기업은 실력이 뛰어난 사람이 공백 기간에 무엇을 했는지 궁금해하지 않는다. 전공자든 비전공자든, 경력 공백이 길든 짧든, 나이가 많든 적든 상관없다. 오로지 실력이 있고 개발을 잘할 수 있다면, 그래서 회사에 도움이 될 수 있다면 채용한다.

방황했던 과거를 너무 신경 쓰지 말자. 삶에서 누구나 그런 경험은 있다. 오히려 방황하는 동안 정말 하고 싶은 일이 무엇일까 더 치열하게 고민한 나 자신을 믿자.

정보처리기사 자격증이 필요한가요?

취업 준비생이 많이 물어보는 질문 중 하나는 정보처리기사 자격증을 따는 것이 좋을지, 자격증을 따려면 어떻게 공부해야 하는지다.

단언하건대 정보처리기사 자격증은 개발자로 취업하는 데 별로 도움이 되지 않는다. 정보처리기사 자격증을 따려고 필기, 실기 시험을 준비할 시간에 프로그램을 하나 더 짜 보는 편이 취업하는 데 훨씬 도움이 된다.

특히 비전공자 취업 준비생의 경우에 자격증을 따야 할지 고민을 많이 한다. IT 관련 전공이 아니라서 자격증이라도 따서 나름대로 자격이 있다는 것을 증명해 보이려고 한다. 개발자 커뮤니티나 주변 친구들이 정보처리기사 자격증을 준비하는 것을 보고 분위기에 휩쓸려 자격증을 따려고 하는 면도 있다.

그런데 정보처리기사 자격증이 있다고 해서 채용 시험에서 합격률이 높아지는 것은 절대 아니다. 정보처리기사 자격증을 우대 조건에 넣는 회사도 있지만, 대부분은 정보처리기사 자격증을 필수 조건으로 보지 않는다. 지원자가 자격증이 있든 없든 개발자로서 실력이 어느 정도 있는지만 명확히 보여 준다면 이를 고려해 뽑는다. 회사가 자격증을 보지 않는 이유는 단순하다. '자격증 = 개발 실력'으로 볼 수 없기 때문이다.

그렇다면 정보처리기사 자격증은 어떨 때 필요할까? SI_{System Integration}업체에서 일하게 될 경우 정보처리기사 자격증이 있으면 좋다. 일반적으로 외주 회사는 고객사로부터 작업을 의뢰받을 때 프로젝트당 인건비를 고려해 계약 금액을 산정한다. 인건비 산정 시 국가에서 마련한 기준을 따르는데, 이때 기준이 바로 '정보처리기사 자격증 취득년도 대비 몇 년 차 개발자인가'다. 그래서 외주 작업 위주로 운영하는 회사에서는 지원자가 정보처리기사 자격증이 있는지를 보기도 한다.

그래서 잘 선택해야 한다. 남들 다 하니까 나도 따겠다고 하지 말고 취업하고 나서 여유가 생겼을 때 도전해도 된다. 개발자로 살면서 정보처리기사 자격증이 아예 도움이 되지 않는 것은 아니지만 신입 개발자로 취업하는 데 필수는 아니다.

개발자가 되면 평생 공부해야 한다는데?

경쟁력 있는 개발자로 살아남고 싶다면 항상 공부해야 하는 것은 맞다.

특히 신입 개발자로 취업하고 나서 1~3년은 일과 공부를 병행하며 기본 실력을 탄탄하게 다져야 한다. 1~3년을 강조하는 이유는 이 시기에 이직할 수 있는 기회가 많기 때문이다. 실제 내가 운영하는 부트캠프에서도 '네카라쿠배'로 이직한 경우가 꽤 있다.

공부가 두려워 개발자 되기가 망설여진다면 개발이 아닌 어떤 일을 해도 뒤쳐지는 인생을 살 가능성이 높다. 솔직히 말하면 이것이 현실이다. 변호사, 회계사, 의사 같은 전문직도 계속 공부하고 연구해야 경쟁력 있는 전문가로 살아남을 수 있다. 꼭 전문직이 아니더라도 본인의 업무에 대해 끊임없이 고민하며 공부해야 한다. 그런 사람이 평균 이상으로 인정받으며 높은 가치를 유지할 수 있다. 식당만 봐도 그렇지 않은가? 꾸준히 메뉴를 연구하고, 손님을 끌어들일 마케팅 방법을 치열하게 고민해야 살아남을 수 있다.

개발자로서 어느 정도 가치를 유지하기 위해서는 늘 공부해야 한다. 새로운 기술이 나오면 해당 기술에 대해 공부하고 프로젝트에 적용해 봐야 한다. 하드웨어 기술도, 소프트웨어 기술도 빠르게 발전하기 때문에 공부를 게을리해서는 안 된다. 물론 그렇다고 해서 수험생처럼 매일 몇 시간씩 공부하라는 뜻은 아니다. 3년 차까지 기본기를 잘 쌓았다면 그 이후부터는 일주일에 몇 시간 정도 투자할 수 있는 정도면 충분하다.

인공지능이 일자리를 위협하진 않을까요?

ChatGPT는 미국의 OpenAI라는 회사가 만든 대화형 인공지능 서비스다. OpenAI는 마이크로소프트, 일론 머스크 등이 공동 투자해 설립한 인공지능 전문 회사다. 책을 쓰고 있는 현재 시점(2023년 2월)에 세계에서 가장 주목받는 기업임에 틀림없다.

ChatGPT는 공개한 지 단 2개월 만에 월간 사용자 수 1억 명을 달성했다. 사용자 수 1억 명을 모으는 데 인스타그램이 41개월, 틱톡이 9개월 걸린 것과 비교하면 이 수치가 얼마나 대단한지 알 수 있다(출처: 스위스 금융기업 UBS 2월 보고서). ChatGPT는 단순히 대화하는 수준을 넘어 인간이 작성하는 수준 이상으로 에세이와 논문을 쓸 수 있다. 또한, 의사 면허 시험을 통과할 수 있을 정도로 아주 세부적인 질문에도 대답한다.

어떤 사람들은 ChatGPT가 개발자를 대체해 개발자가 필요 없는 시대가 오는 것이 아니냐는 걱정 섞인 말을 하기도 한다. 개발자를 대신해 코드를 작성해 주는 노코드no-code, 로코드low-code 인공지능의 등장은 이미 예견돼 있었다. 실제 ChatGPT에 개발자가 원하는 구현 방향을 입력하면 인공지능이 간단한 코드 정도는 정확하게 작성해 준다.

그런데 개발은 그렇게 단순하지 않다. 개발에는 의사 결정 영역이 포함돼 있다. 한 가지를 구현하기 위해 선택할 수 있는 방법이 여러 가지라는 뜻이다. 프로젝트의 규모, 실시간 접속자 수 등에 따라 선택할 수 있는 아키텍처가 다르고 작동 효율도 다르다. 아직 그런 것들까지 인공지능이 판단할 수는 없다. 인공지능은 학습한 것을 기반으로 결과를 낼 뿐 의사 결정을 하지 않는다.

인공지능의 등장으로 평범한 기술을 구현하거나 단순한 코드를 짜는 데드는 생산성은 높아질 것이다. 개발자가 일하기 더 편해지므로 효율성은 올라갈 것이다. 하지만 '깊이 있는 설계'와 '판단 능력'은 아직까지 인공지능이 대체할 수 없다. 이런 능력은 시간이 지나도 절대적 가치를 유지한다. 앞으로 이런 면에서 경쟁력이 있는 개발자가 더 높은 연봉과 대우를 받는 현상이 두드러질 것이다.

2 장

개발 분야
선택하기

들어가기 전에

　개발자가 되겠다는 결심이 섰거나 조금이라도 관심이 생겼다면 어떤 분야가 나에게 맞을지 고민해 봐야 한다. 개발 분야는 다양하기 때문에 본인에 '맞는 선택을 하는 것'이 가장 중요하다.

　그렇다면 어떤 분야를 선택해야 할까? 뻔하지만, 본인이 가장 관심 있고 흥미를 느끼는 분야를 선택하면 된다. 실제로 비전공자가 개발자로 직업을 바꾸기까지는 정말 많이 노력해야 한다. 하루에 8~10시간씩 최소 6개월 이상은 공부해야 겨우 '아, 개발이 이런 거구나' 감을 잡을 수 있다. 이렇게 많이 노력해야 하는데 관심도 재미도 없는 분야를 선택한다면 어떨까? 그 자체가 곤욕일 것이다. 그래서 개발 분야를 선택할 때 가장 중요한 것은 본인의 관심과 흥미다.

　웹 사이트 같이 눈에 보이는 것을 재미있어 하는 사람도 있고, 눈에 보이지 않지만 내부적으로 어떤 구조를 만들고 논리적으로 연결하는 것을 즐거워하는 사람도 있다. 또는 본인의 아이디어를 앱으로 구현하고 싶어 하거나 게임을 즐겨서 게임을 직접 만들고 싶은 사람도 있다. 사람마다 성향이 다르고 관심 분야가 다르기 때문에 어떤 분야를 선택하고 공부할지는 본인의 관심과 흥미를 고려해서 선택해야 한다.

　그런데 본인이 어떤 것을 재미있어 하는지조차 모르겠다면? 이 장에서 여러 개발 분야를 소개할 테니 읽어 보고 가장 관심이 가는 분야를 깊이 알아보기 바란다.

선택하기에 앞서 알아 두면 도움이 될 만한 '개발 관련 기본 개념'부터 소개하고 '개발 분야의 종류와 기술'을 살펴보겠다.

프로그래밍 언어와
프레임워크

개발 분야를 알아보기 전에 먼저 살펴볼 기본 개념이 있다. '프로그래밍 언어와 프레임워크', '프론트엔드와 백엔드'다. 이 개념들을 정확히 알아야 개발 분야별 차이를 제대로 파악하고, 분야를 고를 때 '잘' 선택할 수 있다.

프로그래밍 언어란

개발이 무엇인지, 프로그래밍이 무엇인지 잘 모르는 사람도 아마 '파이썬'이란 단어는 들어봤을 것이다. 파이썬은 '프로그래밍 언어'인데, 말 그대로 프로그래밍하는 데 사용하는 언어language를 뜻한다. 전 세계 사람이 영어, 한국어, 독일어, 중국어 같은 언어를 이용해 소통하듯이 인간이 컴퓨터와 소통하려면 일종의 약속 체계인 프로그래밍 언어programming language가 필요하다.

컴퓨터는 0과 1밖에 모른다. 그래서 0과 1로 된 명령만 이해할 수 있다. 이를 기계어라고 하는데, 인간은 이를 이해하지 못한다. 예를 들어 00001111이라는 숫자가 있을 때 이 숫자의 의미를 컴퓨터는 바로 이해하지만 인간은 더하라는(+) 것인지, 빼라는(−) 것인지, 저장하라는save 것인지 알아들을 수 없다.

그래서 00001111 같은 숫자에 의미를 부여해 인간이 읽고 쓸 수 있는 형태로 바꿔 표현한 일종의 약속 체계를 만들었는데, 이를 '프로그래밍 언어'라고 한다. 예를 들어 'Hello World'라고 모니터에 출력하고 싶다면 0과 1의 숫자 조합으로 명령을 내리는 대신 console.log("Hello World")라고 쓰거나 print("Hello World")라고 써서 명령을 내린다(같은 의미이지만 각 언어마다 규정된 약속에 따라서 다르게 쓴다).

정리하면, 프로그래밍 언어는 인간이 컴퓨터와 의사소통하기 위해 만든 약속 체계이고, 인간이 프로그래밍 언어로 코딩하면 이를 0과 1로 된 기계어로 바꾸어 컴퓨터가 명령을 실행한다.

▼ **그림 2-1** 코드 실행 과정

개발 분야별로 프로그램의 목적과 특성, 사용 환경이 달라서 그에 맞는 프로그래밍 언어를 사용한다. 예를 들어, 냉장고, 세탁기, 전자레인지 같은 가전 제품에 들어가는 시스템을 임베디드 시스템embedded system, 내장형 시스템이라고 한다. 임베디드 시스템은 자원이 제한돼 있어서 한정된 자원으로 최대 효과를 내야 한다. 그래서 그런 특징이 있는 프로그래밍 언어를 사용한다. 게임은 CPU(중앙 처리 장치)나 메모리 낭비를 줄이고 빠르게 계산해야 해서 이에 최적화된 언어로 개발한다. 넷플릭스처럼 동영상 파일을 실시간으로 스트리밍하는 서비스는 데이터를 주고받는 속도가 중요하므로 이에 특화된 언어를 사용한다.

프로그래밍 언어는 매우 다양하고 특징도 각기 다르다. 그러므로 원하는 분야가 임베디드 시스템 개발인지, 웹 개발인지, 앱 개발인지, 게임 개발인지에 따라 그에 맞는 프로그래밍 언어를 선택해서 공부해야 한다.

▼ 그림 2-2 다양한 프로그래밍 언어

자, 그러면 주요 언어 몇 가지만 훑고 넘어가 보자.

C 언어

C 언어는 컴퓨터가 동작하는 방식에 맞게 설계된 명령어를 인간이 읽을 수 있는 형태로 변환하기 시작한 초기에 등장한 언어다. 주로 윈도우 프로그램이나 앞에 나온 임베디드 시스템을 개발하는 데 사용하며, 최소 자원으로 최대 효과를 내도록 설계됐다. 프로그래밍 언어가 발전하기 시작한 초기에 등장한 만큼 현대 프로그래밍 언어와 다르게 기계어에 가까운 특징이 있다. CPU와 메모리의 동작 원리를 이해해야 정확하게 사용할 수 있으므로 초보자가 배우기에는 조금 어렵다. 현대 프로그래밍 언어 대

부분이 C 언어의 동작 원리에서부터 파생됐기 때문에 프로그래밍 언어의 뿌리라고 봐도 무방하다.

파이썬

파이썬Python은 웹부터 인공지능까지 다양한 분야에서 여러 목적의 프로그램을 개발하는 데 사용하는 가장 범용적인 프로그래밍 언어다. 예를 들어, 자동 주식 거래 프로그램을 만들거나 웹 사이트에서 크롤링crawling, 인터넷을 돌아다니며 정보를 수집할 때, 데이터를 분석하거나 AI 기술을 개발할 때 등 아주 다양하게 쓰인다. 주변에서 "파이썬을 배워야 해."라는 말을 한 번이라도 들어 봤다면, 그건 아마도 파이썬만큼 다양한 분야에 사용하면서 초보자가 배우기 쉬운 언어도 없기 때문이다.

자바

자바Java는 '객체지향 프로그래밍'이 등장하면서 개발된 프로그래밍 언어로, 서버 프로그램과 안드로이드 앱을 만드는 데 주로 사용한다. 최근에는 자바 문법을 더 간결하게 바꾼 코틀린Kotlin도 등장했다. 안드로이드에서는 자바 대신 코틀린으로 대체해 가는 중이다.

그밖에도 웹 서비스를 만드는 데 사용하는 자바스크립트JavaScript, 게임 개발에 주로 사용하는 C++, 애플의 맥과 아이폰용 앱을 만드는 데 사용하는 스위프트Swift라는 프로그래밍 언어가 있다.

프레임워크란

　프로그래밍 언어는 컴퓨터와 의사소통하기 위한 약속이다. 그럼 프로그래밍 언어만 있으면 우리가 원하는 모든 것을 만들(프로그래밍할) 수 있을까? 결론부터 말하면, 프로그래밍 언어만으로는 어렵다. 정확히는 순수하게 프로그래밍 언어로 고도화된 시스템을 개발하는 것은 거의 불가능하다. 그래서 프레임워크framework가 필요하다.

　프로그래밍을 한 번도 해 보지 않았다면 프레임워크의 개념이 어렵게 느껴질 수도 있으니, 예를 들어 설명해 보겠다. 장난감 블록으로 성castle과 해적선pirate ship을 만든다고 가정해 보자. 블록을 결합하는 기본 방법은 알고 있는 상태다. 이 상태에서 아무 기반 없이, 즉 크기, 모양, 구조에 대한 설명 없이 수천 개의 블록을 주었을 때 성이나 해적선을 만들 수 있을까? 결합 방법을 안다고 해도 장난감 블록을 처음 만들어 보는 사람은 완성품을 한 번에 만들기가 어렵다. 물론 만들 수야 있겠지만 굉장히 오래 걸리고 힘든 일이 될 것이다.

　그래서 장난감 회사에서는 성과 해적선을 만드는 데 필요한 블록을 모아 조립 설명서와 묶어서 성 세트, 해적선 세트 등으로 판매한다. 세트를 구매하면 설명서를 보고 그대로 조립해 성이든 해적선이든 만들 수 있다. 세트가 없다면 선체, 갑판, 돛과 돛대 모양을 만들기 위해 이 블록 저 블록을 끼웠다 뺐다를 반복하며 맞는 블록을 찾아 조립하는 과정을 계속해야 한다. 맞는 블록을 찾아서 만들었다 하더라도 세트만큼 완성도 있게 모양이 나올지도 미지수다.

　실생활에서도 완성도 있는 제품을 빠르게 만들기 위해 미리 만들어져 있는 세트나 키트kit 등을 사용하는 경우가 많은데, 이게 바로 프레임워크의 개념이다.

프레임워크란 특정 프로그램을 개발하기 위해 필요한 기능(코드의 묶음)들이 포함되어 있는 플랫폼, 즉 환경이다. 장난감 블록의 세트 상품처럼 정해진 틀Frame 속에서 작업Work하기 때문에 프레임워크FrameWork라고 한다.

일반적으로 앱을 만들 때 사용하는 프레임워크에는 앱 개발에 필요한 기능들이 미리 구비돼 있고, 웹 서버를 만들 때 사용하는 프레임워크에는 서버 개발에 필요한 기능들이 포함돼 있다.

프레임워크는 개발 목적에 최적화된 언어로 만든다. 그래서 프로그래밍 언어와 프레임워크는 서로 짝을 이루고, 둘을 조합해 프로그램이나 서비스를 완성한다. 따라서 프로그래밍 언어를 배웠다면 그 다음으로 프레임워크를 공부해야 한다.

▼ 그림 2-3 프로그래밍 언어별 프레임워크

개발 분야별 프로그래밍 언어와 프레임워크는 2.5절 개발 분야별 기술에서 자세히 설명한다.

 프레임워크와 라이브러리

프로그래밍하다 보면 프레임워크 외에도 라이브러리라는 용어를 자주 접한다. 프레임워크와 라이브러리는 미리 만들어 놓은 코드의 묶음이라는 점에서 같으나 다음과 같은 차이점이 있다.

- **프레임워크**: 원하는 기능을 개발할 수 있도록 일정한 뼈대(구조)를 제공한다. 개발자는 프레임워크에서 제공하는 뼈대에서 정해진 규칙(rule)에 따라 프로그램을 개발한다.

- **라이브러리**: 프레임워크(뼈대)를 사용해 보다 더 완성된 코드의 묶음을 제공한다. 프레임워크가 기본 툴이라면, 라이브러리는 기본 툴을 활용해 완성품에 가까운 코드를 제공함으로써 개발자의 시간을 아껴주는 더 확장된 개념이다.

프론트엔드와 백엔드

프론트엔드front-end와 백엔드back-end를 단어 그대로 해석하면 '앞단'과 '뒷단'이다. 개발에서 둘을 어떤 의미로 쓰는지 간단한 예를 들어 설명하겠다.

노트북에서 넷플릭스를 시청한다고 가정해 보자. 웹 브라우저 주소창에 netflix.com을 입력해 홈페이지에 접속하면 메인 화면에 시청할 수 있는 영화나 드라마 목록이 뜬다. 화면에는 제목과 썸네일만 보이니 작업이 매우 간단해 보인다.

하지만 내부에서는 ❶ 사용자가 보는 화면을 처리하는 클라이언트client가 영화나 드라마 목록을 서버server에 요청하고 ❷ 서버는 요청받은 데이터를 데이터베이스DB, Database에서 가져와 클라이언트에 전달한다.

▼ 그림 2-4 넷플릭스의 동작 구조

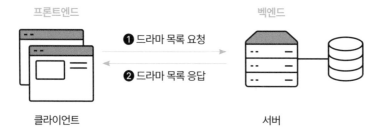

이렇게 인터넷에서 제공되는 서비스는 클라이언트와 서버/데이터베이스로 나뉘는데, 클라이언트가 프론트엔드, 서버와 데이터베이스가 백엔드에 해당한다.

- **프론트엔드**: 웹 사이트에서 사용자가 직접 보고 조작하는 부분으로, 사용자가 서비스를 이용할 수 있도록 각종 인터페이스(겉모습)를 제공한다.
- **백엔드**: 눈에 직접 보이지 않지만, 사용자의 요구를 받아 실제 동작을 처리하는 부분으로, 서비스에 필요한 데이터(이미지, 텍스트, 영상 등)를 제공한다.

프론트엔드가 웹 사이트의 구조와 디자인을 짜서 사용자에게 보여 주는 부분이라면 백엔드는 이 구조화된 웹 사이트에 표시할 데이터 목록을 관리하면서 프론트엔드에서 오는 요청을 받아 응답하는 부분이다.

개발 분야의 종류

개발 분야는 크게 프론트엔드, 백엔드, 데브옵스, 데이터 과학/인공지능, 게임, 임베디드, 정보 보안 등으로 나눌 수 있다.

프론트엔드

프론트엔드라고 하면 일반적으로 웹 프론트엔드web front-end를 의미하는 경우가 많다. 좁은 범위에서는 인터넷 브라우저(크롬, 사파리, 인터넷 익스플로러 등)에 보이는 웹 사이트 화면을 만드는 분야를 말한다. 넓은 범위에서는 '사용자와 맞닿아 있는 모든 부분'을 포괄한다는 차원에서 스마트폰의 애플리케이션(앱)까지 확장해 표현하기도 한다. 즉, 모바일 앱도 프론트엔드–백엔드 구조와 별반 다르지 않아서 큰 범주에서는 프론트엔드라고 볼 수 있다.

다음은 프론트엔드 분야를 웹과 앱으로 나눠 표로 정리한 것이다. 앱 개발은 플랫폼에 따라 iOS 앱 개발, 안드로이드 앱 개발, 아이폰과 안드로이드폰 모두에서 동작하는 크로스 플랫폼cross platform 개발로 나뉜다.

▼ 표 2-1 프론트엔드 세부 분야

구분	분야	설명
웹	웹 프론트엔드 개발	웹 사이트 화면을 만든다. 일반적으로 프론트엔드는 이 분야를 의미한다.
앱	iOS 앱 개발	아이폰에서 동작하는 애플리케이션을 만든다.
	안드로이드 앱 개발	안드로이드폰에서 동작하는 애플리케이션을 만든다.
	크로스 플랫폼 개발	웹 프론트엔드 기술을 응용해서 아이폰과 안드로이드폰 등 여러 플랫폼에서 동작할 수 있는 통합된 애플리케이션을 만든다.

백엔드

사용자 눈에 직접 보이는 겉모습(웹 사이트나 앱 화면)이 아닌 눈에 보이지 않는 뒷단을 만드는 분야다. 프론트엔드에서 데이터를 요청했을 때 어떤 과정을 거쳐 보여 줄지, 내부에 데이터를 어떻게 분류해서 저장할지 등을 결정하고 개발한다.

예를 들어, 네이버에 '맛집'으로 검색한다고 해 보자. 검색 결과를 보면 주변의 맛집 정보를 순서대로 목록화해서 보여 준다. 이는 사용자가 특정 단어를 검색했을 때 클라이언트가 서버에 데이터를 요청하고 서버는 데이터베이스에서 해당 단어와 관련 있는 데이터를 검색해 가져와서 데이터를 클라이언트에 전달하는 과정으로 이루어진다.

이렇게 사용자 눈에 직접 보이지 않는 데이터를 데이터베이스로 관리하고, 클라이언트의 요청을 받아 DB에서 적절한 데이터를 찾아 응답하는 서버를 개발하는 것이 백엔드 분야다.

▼ **그림 2-5** 프론트엔드-백엔드 구조

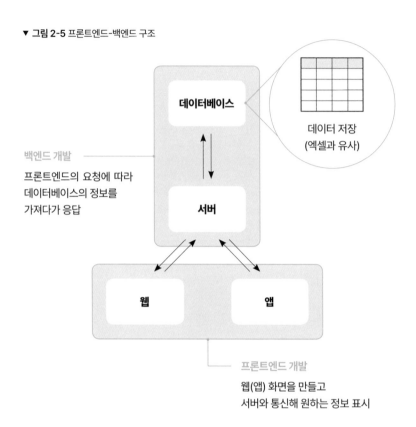

데이터 저장
(엑셀과 유사)

백엔드 개발
프론트엔드의 요청에 따라
데이터베이스의 정보를
가져다가 응답

프론트엔드 개발
웹(앱) 화면을 만들고
서버와 통신해 원하는 정보 표시

백엔드는 웹 서비스의 앞단을 제외한, 뒷단에서 일어나는 모든 일을 포괄하기 때문에 서버가 동작하는 네트워크, 하드웨어 시스템, 데이터베이스도 알아야 한다. 요즘에는 클라우드를 활용해 개발자가 직접 서버를 관리하지 않는 서버리스serverless 방식을 사용하기도 한다.

데브옵스

데브옵스DevOps는 소프트웨어의 개발Development과 운영Operation을 결합해 탄생한 용어로 개발과 운영을 하나로 보려는 방법론과 문화에서 출발한 개념이다. 최근에는 글로벌 앱 서비스나 글로벌 게임 서비스와 같이 전 세계로 대규모 서비스를 하는 경우도 있는데, 이런 대규모의 동시 접속을 처리하기 위해 클라우드 서비스를 이용하거나 많은 트래픽을 분산 처리하는 기술이 필요한 경우가 많아졌다.

데브옵스 개발자는 이런 일련의 과정에서 사용자가 불편을 겪지 않게 하고, 회사에서도 서비스를 안정적으로 운영하기 위해 인프라를 구축하고 자동화하는 역할을 한다. 쉽게 말하면 서비스가 잘 운영되기 위한 인프라 관리를 돕는 역할을 한다. 그래서 데브옵스 개발자는 백엔드 개발자와 긴밀하게 협의하며 일한다. 물론 일반적인 경우 백엔드 개발자가 데브옵스 업무도 함께 담당하지만, 대규모 서비스에는 데브옵스 개발팀이 따로 있는 경우가 많다.

데이터 과학/인공지능

방대한 데이터를 다루는 분야로 세부적으로 데이터 과학과 인공지능으로 나뉜다.

데이터 과학

빅데이터를 분석해서 사업적인 문제를 해결하는 분야다. 예를 들어 카카오는 카카오택시 앱에서 수집한 정보를 활용해 사업에 반영한다. 어느 시간대에 손님이 많은지, 어느 위치에서 대기해야 승객을 많이 태울 수 있는지, 어느 요일이 콜 수가 많은지 등 많은 데이터를 분석해 사업적으로 풀어간다. 이처럼 데이터 과학은 효율적으로 사업에 집중할 수 있도록 연구하고, 문제를 해결하는 분야다.

또한, 데이터 과학은 기존에 무의미하게 여겨졌던 수많은 데이터를 분석해 유의미한 정보로 변환하는 분야를 모두 포괄한다.

인공지능

컴퓨터 속도가 빨라지면서 수백만 개 데이터로도 연산을 빠르게 수행할 수 있게 됐다. 이에 따라 특정 분야에서 더 나은 선택지가 무엇인지를 컴퓨터에게 학습시키는 것이 가능해졌다. 즉, 인간의 학습 능력, 추론 능력, 지각 능력, 언어 이해 능력 등을 컴퓨터 프로그램으로 실현할 수 있게 된 것이다. 이러한 분야를 통틀어 인공지능AI, Artificial Intelligence이라고 한다.

인공지능의 활용 범위는 무궁무진하다. 도로의 지형지물과 움직이는 사물 또는 사람을 실시간으로 파악해 컴퓨터 스스로 판단해 운전하는 자율주행, 여러 사진을 미리 학습한 후 이미지를 보고 어떤 사진인지 분석하는 이미지 판독 분야 등을 예로 들 수 있다.

인공지능은 예전부터 있었지만 알파고가 등장하면서부터 더 많은 관심을 끌게 됐고, 컴퓨터와 로봇이 사람을 대체할 수 있는 분야에서 활발한 연구 및 개발이 이루어지고 있다.

게임

스마트폰, PC, 콘솔 등에서 플레이할 수 있는 게임을 개발하는 분야다. 게임도 프론트엔드 개발과 백엔드 개발로 나눌 수 있다. 프론트엔드 개발은 사용자에게 보여지는 그래픽 부분을 담당하고, 백엔드 개발은 게임 데이터를 보관하고 프론트엔드 요청을 받아 처리한다.

당연히 게임에 관심이 많고 좋아하는 사람이 게임 개발 쪽으로 많이 도전한다. 실제 우리나라에는 게임으로 대박을 터트린 개발자가 많기 때문에 게임 개발 분야도 꾸준히 인기가 많다.

게임 개발에서는 화면을 구성하는 2D, 3D 그래픽 처리가 가장 중요하다. 이러한 게임 그래픽을 처리하는 데 특화된 프로그램을 게임 엔진이라고 한다. 게임 엔진은 결과물(개발한 게임)이 iSO, 안드로이드, 윈도우 등 각 운영체제에 맞게 동작할 수 있도록 지원한다.

▼ **그림 2-6** 게임 개발 구조

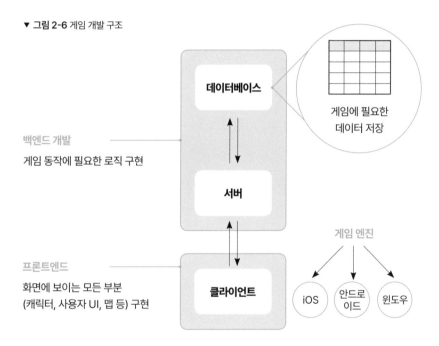

임베디드

세탁기, 냉장고, CCTV, 자동차 등의 전자 기기에 들어가는 소프트웨어를 개발하는 분야다. 워낙 한정된 자원을 사용하는 분야라서 각 기기의 동작 방식에 대한 지식을 갖추고 있어야 한다. 개발 자체의 난이도가 높다고 알려져 있으며 그만큼 해당 분야에서 전문성을 가지고 오래 근속하는 개발자가 많다.

정보 보안

모든 프로그램과 서비스에 필요한 보안 프로그램을 개발하는 분야다. 언제 발생할지 모르는 해킹에 대비해 방어 시스템을 구축하고 랜섬웨어, 바이러스 등에 대비한 백신 프로그램을 개발하고 운영한다. 요즘은 워낙 다양한 네트워크 공격에 대비해야 해서 실력 있는 개발자들이 가치를 높게 인정받고 있다.

05

개발 분야별 기술

이 절에서는 프론트엔드와 백엔드를 중심으로 개발 분야별 기술을 알아본다. 책에서 모든 내용을 자세히 설명하기에는 내용이 방대하고 어려울 수 있다. 따라서 여기 내용을 기본으로 이해하고, 본인이 어떤 개발 분야를 선택할지 결정하면 그때 더 깊게 알아보길 권한다.

프론트엔드

웹 프론트엔드

웹 페이지web page는 크롬Chrome이나 사파리Safari 같은 웹 브라우저에 보여지는 문서로, 웹 페이지를 묶거나 연결해 웹 사이트web site를 만든다. 웹 프론트엔드는 웹 사이트를 만드는 분야로, HTMLHyperText Markup Language, CSSCascading Style Sheets, 자바스크립트 3가지 언어를 사용한다.

- **HTML**: 웹 페이지의 구조 설계
- **CSS**: 웹 페이지의 디자인 구현
- **자바스크립트**: 웹 페이지에 동적 기능(사용자와 상호 작용) 추가

참고로 HTML과 CSS는 프로그래밍 언어가 아니라 마크업 언어markup language다. 프로그래밍 언어는 자바스크립트처럼 사용자와 프로그램 간 상호 작용을 위한 각종 동작을 구현하지만 마크업 언어는 HTML과 CSS처럼 태그를 이용해 문서나 데이터 구조 등 명시된 정보만 전달한다.

▼ 그림 2-7 웹 프론트엔드 개발의 주요 언어

웹 프론트엔드는 순수하게 HTML+CSS+자바스크립트만으로도 개발할 수 있지만 프레임워크를 활용하면 더 쉽고 빠르게 개발할 수 있다. 대표적인 프레임워크로는 리액트React.js, 앵귤러Angular.js, 뷰Vue.js가 있다.

▼ 그림 2-8 웹 프론트엔드 개발 프레임워크

웹 프론트엔드는 한 가지 방식이나 기술로만 개발할 수 있는 것이 아니어서 선택하는 방식이나 기술에 따라 공부 방향이 달라진다. 또 신기술이 끊임없이 나와서 기술적인 변화와 트렌드가 급격히 바뀌는 분야이기도 하

다. 어떤 기술을 공부해야 할지 모르겠다면 취업하고 싶은 회사에서 사용하는 기술이 무엇인지 알아보는 것도 좋은 방법이다.

iOS 앱

애플 운영체제인 iOS에서 동작하는 앱을 만드는 분야다. 사용하는 언어는 스위프트, 프레임워크는 유아이킷UIKit과 스위프트유아이SwiftUI가 있다.

2010년대 중반까지만 해도 iOS 앱을 개발할 때 오브젝티브-씨Objective-C라는 언어를 주로 사용했다. 그러다가 2014년에 애플이 스위프트를 발표했는데, 현대 프로그래밍 언어의 기틀을 마련했다고 평가받고 있다. 이를 기반으로 애플은 하드웨어부터 소프트웨어 개발 생태계까지 주도하려는 움직임을 보이고 있다.

▼ 그림 2-9 iOS 앱 개발 프로그래밍 언어와 프레임워크

iOS 앱은 애플 운영체제에서만 개발할 수 있으므로 이 분야를 공부하려면 최소한 맥용 컴퓨터를 준비해야 한다.

안드로이드 앱

안드로이드폰에서 동작하는 앱을 만드는 분야로, 사용하는 언어는 자바와 코틀린이다.

▼ 그림 2-10 안드로이드 앱 개발 프로그래밍 언어

코틀린은 2011년에 공개된 오픈소스 프로그래밍 언어로, 서버와 앱 개발 영역에서 자바를 대체하고 있다. 자바와 유사하지만 더 간결한 문법과 다양한 기능을 제공한다. 개인적으로도 코틀린은 현대 프로그래밍 언어로의 패러다임 변화와 그 방향성을 잘 제시하고 있다고 생각한다. 또한, iOS 개발의 스위프트와 유사한 부분도 많다.

안드로이드는 모바일 운영체제이자 안드로이드 앱 개발을 위한 플랫폼이다. 그래서 프레임워크가 별도로 존재하지 않고 안드로이드 개발 툴 자체에 포함돼 있다. 안드로이드 개발자는 자바 또는 코틀린으로 안드로이드에서 제공하는 프레임워크를 사용해 애플리케이션을 개발한다.

크로스 플랫폼

하나의 코드로 아이폰에서도, 안드로이드폰에서도 동작하는 앱을 만드는 분야다. 웹 프론트엔드 기술을 응용해 작은 화면에서 웹을 앱처럼 동작할 수 있게 최적화해 보여 준다. 사용하는 프로그래밍 언어-프레임워크 조합은 자바스크립트-리액트 네이티브React Native, 다트Dart-플러터Flutter 등이 있다.

▼ 그림 2-11 크로스 플랫폼 개발 조합

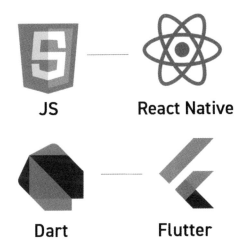

크로스 플랫폼 개발을 배우고 싶다면 프레임워크로 리액트 네이티브와 플러터 중 하나를 선택하면 된다. 일반적으로 안드로이드 앱과 iOS 앱 양쪽 분야 개발자를 고용해서 각기 다른 앱을 개발할 여건이 되지 않는 초기 스타트업에서 크로스 플랫폼 개발자를 선호한다.

백엔드

백엔드를 간단히 말하면 프론트엔드에서 오는 요청을 처리하는 뒷단을 개발하는 분야로, 사용자에게는 감춰져 있다. 백엔드는 데이터 등의 정보가 담긴 데이터베이스와 프론트엔드 요청을 처리하고 데이터베이스에서 데이터를 가져와 프론트엔드 요청을 처리하는 서버로 구성된다.

이 중에서 서버는 특정 프로그래밍 언어와 프레임워크의 조합으로 이루어져 있다. 물론 언어와 프레임워크마다 기술 차이는 있지만, 서버에서 회원 관리, 인증 관리, 데이터 관리 같은 공통의 필수 기능을 구현한다는 점은 같다. 공통 구조가 많으므로 백엔드 분야의 프레임워크 하나를 깊게 공부하면 다른 프레임워크도 쉽게 배울 수 있다.

자바-스프링

자바와 스프링Spring은 국내 서버 개발에서 가장 많이 사용하는 프로그래밍 언어-프레임워크 조합이다. 이는 공공기관 웹 사이트 개발을 표준화하기 위한 전자정부 표준프레임워크가 이 조합으로 구성돼서 수요가 높기 때문이다. 그래서 자바-스프링 과정은 국비지원 학원과 각종 부트캠프에서 주요 커리큘럼으로 개설돼 있고 온라인 강의도 많아 접근성이 가장 높다.

▼ **그림 2-12** 자바-스프링 조합

파이썬-장고, 플라스크, 패스트API

문법이 쉽고 간단해서 많은 사람이 선호하는 언어인 파이썬은 그 명성에 맞게 여러 프레임워크와 결합해서 사용할 수 있다. 파이썬 – 장고Django, 파이썬 – 플라스크Flask, 파이썬-패스트APIFastAPI 등의 조합이 있는데, 회사마다 기술적 이점에 따라 취사선택해 사용한다.

▼ 그림 2-13 파이썬-장고, 플라스크, 패스트API 조합

자바스크립트-노드JS, 넥스트JS

주로 웹 페이지의 동작을 구현하는 데 사용하는 프로그래밍 언어인 자바스크립트를 활용해 서버까지 만드는 기술이 최근 각광을 받고 있다. 프론트엔드 개발자에게 익숙한 자바스크립트가 서버 개발에까지 쓰이면서 새로운 언어를 배워야 하는 부담 없이 프론트엔드 개발과 백엔드 개발을 동시에 할 수 있게 됐다.

자바스크립트 언어를 사용하는 조합에는 자바스크립트-노드JSNode.js와 자바스크립트-넥스트JSNext.js 등이 있다.

▼ 그림 2-14 자바스크립트-노드JS, 넥스트JS 조합

지금까지 살펴본 내용을 표로 정리하면 다음과 같다.

▼ **표 2-2** 개발 분야별 기술

구분	분야	프로그래밍 언어	프레임워크
프론트엔드	웹 프론트엔드 개발	HTML, CSS, 자바스크립트	리액트, 앵귤러, 뷰
	iOS 앱 개발	스위프트	유아이킷, 스위프트유아이
	안드로이드 앱 개발	자바, 코틀린	안드로이드 제공 프레임워크
	크로스 플랫폼 개발	자바스크립트, 다트	리액트 네이티브, 플러터
백엔드		자바	스프링
		파이썬	장고, 플라스크, 패스트API
		자바스크립트	노드JS, 넥스트JS

 **풀스택 개발자**

프론트엔드와 백엔드를 모두 개발할 수 있는 개발자를 풀스택 개발자(full stack developer)라고 한다. 풀스택 개발자는 프론트엔드와 백엔드를 혼자 다 할 수 있다는 것이 장점이지만, 애매하게 공부할 경우 어느 한 가지 분야도 제대로 알지 못할 수 있다는 단점도 있다. 그만큼 한 분야만 집중해서 공부해도 시간이 모자라다는 것이 개발자 사이의 중론이다.

최소 개발 인원으로 초기 서비스를 개발하는 스타트업은 풀스택 개발자를 선호한다. 하지만 개발자의 커리어 관리, 특정 분야로의 꾸준한 실력 상승, 단계별 연봉 인상이나 IT 대기업으로의 이직 등을 위해서는 풀스택 개발자보다 한 가지 개발 분야를 깊게 아는 것을 권한다.

나에게 맞는 분야 찾기

앞에서 말했지만 개발 분야를 선택할 때 가장 중요한 것은 본인의 관심과 흥미다. 이 절에서는 여러분이 결정할 때 도움이 될 만한 몇 가지 팁을 주고자 한다. 개발자로 일하면서 지인이나 후배에게 받은 몇몇 내용을 개인적인 관점에서 재해석한 것이니 가볍게 읽어 주길 바란다.

결과물을 바로 보고 싶다면 프론트엔드

사람들은 보통 눈으로 직접 결과를 보는 것을 좋아한다. 그림을 그린다거나 퍼즐을 맞춘다거나 레고 블록을 조립하는 것처럼 눈에 보이는 문제를 풀고 결과를 확인하는 것에 흥미를 느끼는 사람이 많다. 아무래도 문제해결 과정을 계속 눈으로 확인할 수 있고 스스로 피드백할 수 있어서 과정자체가 즐겁다고 느끼기 때문일 것이다.

그런 사람에게 맞는 분야는 프론트엔드다. 그래서 기본 배경이 없는 비전공자나 초심자에게 맞는 개발 분야를 추천해 달라고 하면 백엔드보다는 프론트엔드를 추천한다. 프론트엔드 개발은 만드는 과정에서 결과물(웹페이지 또는 앱 화면)을 확인하기가 쉽고 피드백을 바로 결과물에 반영할 수 있어서 완성되는 과정을 즐길 수 있기 때문이다.

웹이냐 앱이냐는 크게 상관없다. 웹 사이트를 만드는 것에 더 호기심이 가면 웹 프론트엔드 개발을, 스마트폰 앱을 만들고 싶으면 앱 개발을 선택하면 된다. 일반적으로 안드로이드폰을 사용한다면 안드로이드 앱 개발에, 아이폰을 사용한다면 iOS 앱 개발에 흥미를 느낄 가능성이 높다.

수학이 좋다면 백엔드

수포자는 수학을 포기한 사람을 우스갯소리로 일컫는 말이다. 모임에서 중고등학교 때 이야기를 꺼내면 수포자가 한두 명씩은 꼭 있었다. 그만큼 수학에 흥미를 느끼는 사람이 적다는 뜻이다.

그런데 가끔은 수학처럼 논리적인 문제를 해결하는 것을 재미있어 하는 사람도 있다. 수학을 좋아하는 사람은 논리적인 문제를 해결하거나 연산 과정에서 뿌듯함을 느낀다. 그런 사람이라면 백엔드 개발을 추천한다.

백엔드 개발이 수학적 알고리즘과도 연관이 있기 때문이다. 프론트엔드가 눈앞에 보이는 것을 설계하고 디자인한다면 백엔드는 데이터를 관리하는 구조를 설계한다. 예를 들어 웹 사이트에 접속자 수가 평소에는 백만 명 이하로 일정하다가 특정 시점에 수백만 명이 동시에 몰린다고 생각해 보자. 이때를 대비해 로그인 서버를 어떻게 관리할지를 설계하는 것이 바로 백엔드 개발이다. 본인이 수학을 좋아하고 논리적인 사고를 즐긴다면 백엔드 개발에 도전해 보길 바란다.

신입 개발자로 취업이 잘 되는 웹 프론트엔드

일단 개발자로 취업하는 것이 목적이라면? 프론트엔드 중에서도 웹 프론트엔드 개발을 추천한다. 요즘은 홈페이지가 없는 회사를 보기 힘들다. 그 말인즉슨 웹 사이트를 만들 수 있는 개발자는 분야를 가리지 않고 많이 필요하다는 뜻이다. 특히 코로나 이후 온라인 서비스 기업이 많아져서 프론트엔드 개발자의 수요가 더 높아졌다. 회사가 직접 개발자를 고용하거나 단발성 프로젝트의 경우 외주를 주는 경우도 많다. 수요가 많기 때문에 취업도 쉬운 편이고 신입에게도 기회가 많다. 다만, 프론트엔드 개발 분야는 신입 지원자도 많다. 다시 말해, 수요도 많고 공급도 많은 분야임을 기억해야 한다.

해외 취업이 유리한 iOS 개발

현 시점부터 향후 10년까지 개발자로 탄탄대로를 걷고 싶다면 iOS 앱 개발을 추천한다. 애플은 전 세계 기업 시총 1위로 올라선 후 몇 년째 유지 중이다. 자체 CPU 칩셋인 M1, M2까지 발표하며 세계 최고의 하드웨어 및 소프트웨어 개발 회사로 거듭나고 있다. 하드웨어를 만들고 거기에 최적화된 운영체제와 소프트웨어까지 직접 개발하는 회사는 전 세계에서 애플이 유일하다.

최근 iOS 앱 개발 분야는 신입으로 취업하기 좋은 환경을 갖추고 있다. 프론트엔드 개발자에 비해 수요는 적지만 도전하는 사람도 적어 공급이 부족하다. 또 일단 취업하면 다른 분야보다 신입 평균 연봉이 높은 편이다. 아직까지는 국내에 실력 있는 고연차 개발자가 적어 조금만 열심히 공부하면 연봉을 올리기도 쉽고 대우까지 잘 받을 수 있는 분위기다.

　미국, 호주, 유럽 등에서는 아이폰의 점유율이 높기 때문에 iOS 앱 개발자에 대한 대우가 좋다. 경력을 조금만 쌓으면 언제든지 해외 취업도 도전해 볼 만하다.

1 개발 분야는 프론트엔드, 백엔드, 데브옵스, 데이터 과학/인공지능, 게임, 임베디드, 정보 보안 등으로 나뉜다.

2 수요가 가장 많은 프론트엔드와 백엔드의 주요 기술은 다음과 같다. 개발자가 되려면 먼저 개발 분야를 선택하고, 해당 분야의 프로그래밍 언어와 프레임워크를 공부해야 한다.

구분	분야	프로그래밍 언어	프레임워크
프론트엔드	웹 프론트엔드 개발	HTML, CSS, 자바스크립트	리액트, 앵귤러, 뷰
	iOS 앱 개발	스위프트	유아이킷, 스위프트유아이
	안드로이드 앱 개발	자바, 코틀린	안드로이드 제공 프레임워크
	크로스 플랫폼 개발	자바스크립트, 다트	리액트 네이티브, 플러터
백엔드		자바	스프링
		파이썬	장고, 플라스크, 패스트API
		자바스크립트	노드JS, 넥스트JS

개발자가
되고 싶습니다

2부

개발자가 되는
과정과 공부 방법

3^장 공부 방법 선택하기

독학, 국비지원 학원, 사설 학원(부트캠프)

비전공자라도 개발자가 되는 방법은 무궁무진하다. 혼자서 독학할 수도 있고, 좀 더 짧은 기간에 효율적으로 공부하기 위해 학원에 들어갈 수도 있다. 일반적으로 신입 개발자가 되기 위해 공부하는 기간은 평균 8개월 ~1년이다. 이 책에서는 이 기간을 최대한 줄일 수 있는 방법도 이야기해 보겠다. 우선 개발자가 되기 위해 선택할 수 있는 공부 방법에는 어떤 것들이 있는지 살펴보자.

독학

비전공자가 독학으로 개발자가 된 사례가 많다. 책과 인터넷 강의를 활용하고 모르는 내용은 블로그 검색 등을 통해 꾸준하게 공부한다면 혼자서도 가능하다. 공부에 대한 의지도 있으며, 개발 이외 다른 분야도 꾸준하게 공부한 경험이 있어 혼자 공부하는 것에 익숙하다면 독학도 충분히 하나의 선택지가 될 수 있다. 주변에 가까운 개발자 친구나 선후배 등 물어볼 사람이 있으면 더욱 좋다.

다만, 아무래도 완전히 새로운 학문을 공부하는 것이라 위험 부담이 있다. 예를 들어, 코드에서 세미콜론(;)이나 콤마(,) 같은 간단한 기호 하나만 빠져도 코드가 동작하지 않고 에러가 발생하기 때문에 혼자 공부할 경우 시행착오를 자주 겪게 될 확률이 크다. 그러면 평균적으로 공부 기간이 늘어날 수 있다. 혼자서는 방향성을 명확하게 인지하고 시행착오 없이 공부하기가 힘들다.

국비지원 학원

다음으로는 국가에서 지정한 학원, 즉 국비지원 학원에서 공부할 경우가 있다. 국비지원 학원은 고용노동부에서 학원비를 지원해 주는 제도로 운영되는 곳이다. 국가에서 특정 산업 분야의 인재를 양성하고 직무 능력을 향상하기 위해 학원비를 지원하는데, IT 개발 분야의 과목도 개설돼 있다. 실업 상태에서 취업을 준비한다면 이런 혜택을 누릴 수 있다. 다만, 학원비를 지원받으려면 여러 조건이 필요하므로 본인이 조건에 해당하는지 확인한 후 등록해야 한다.

일반 사설 학원의 6개월 과정이 500~600만 원 선인 것과 비교해 국비지원 학원은 분명 큰 장점이 있다. 그러나 개설된 과정이 백엔드 개발자 과정인 자바-스프링과, 요즘 뜨고 있는 AI 분야에 집중돼 있다는 한계가 있다. 국비지원 학원이 많고 학원에 따라 강의 질이 차이가 날 수 있어 사전에 좋은 학원을 고르기 위해 발품을 팔아야 한다. 개발자 커뮤니티인 OKKY에서 강의나 학원에 대한 수강평을 사전에 조사해 보고 선택하는 것도 하나의 방법이다.

사설 학원(부트캠프)

일반 사설 학원도 선택지가 될 수 있다. 최근 이런 학원을 부트캠프라고 부르는데, 부트캠프는 '신병훈련소'를 뜻한다. 신입 병사를 훈련시키는 것처럼 단기간에 개발자를 키워낸다는 뜻에서 미국, 유럽 등지에서 몇 개월 이상으로 된 개발자 양성 과정을 개설한 데서 유래한 말이다.

기간은 국비지원 학원과 비슷하게 6개월 과정이 많고, 학원비는 최소 500만 원부터이고 1,000만 원이 넘는 과정도 심심치 않게 볼 수 있다. 그러나 비싸다고 해서 무조건 좋은 것은 아니다. 그러니 상술에 넘어가지 않았으면 좋겠다. 최근에는 3~4개월 단기 과정도 개설되고 있는데 최소 6개월 이상 과정을 추천한다.

인터넷에서 부트캠프를 검색해 보면 많은 학원이 검색되는데, 개인적으로는 거의 차이가 없다고 본다. 6개월 동안 배울 수 있는 내용이 한정적이기도 하고, 친절하고 자세하게 가르쳐 주기에는 한계가 있다.

학원에서는 단기간에 많은 내용을 가르쳐 개발자로 취업시켜야 하므로 진도를 빨리 나갈 수밖에 없다. 어느 정도 예습하지 않고 학원에 갔다간 후회하거나 중간에 그만두는 일이 생길 수 있다. 따라서 반드시 예습하고 들어가야 한다. 이런 내용에 대해서는 4장에서 자세하게 설명한다.

공부 방법별 특징과 장단점

앞에서 독학, 국비지원 학원, 사설 학원(부트캠프)에 대해 간략하게 살펴봤다. 이 절에서는 공부 방법별 특징과 장단점을 표로 비교해 보며 좀더 일목요연하게 정리해 보자. 장단점을 알면 시행착오를 조금이나마 덜고 각자 상황에 맞게 선택할 수 있다.

경제적으로 여유가 된다면 당연히 검증된 사설 학원(부트캠프)의 6개월 이상 과정을 추천한다. 여러 가지로 공부하기 좋은 환경이 마련돼 있고 시스템도 잘 갖춰져 있기 때문이다. 모르는 것을 상시로 물어볼 수 있는 질의응답 시스템(조교 등)도 있어 공부에만 집중할 수 있다. 또한 큰돈을 들이면서까지 개발을 공부하기로 결정한 사람들이 모여 있기 때문에 학습에 대한 열의도 높다.

차선책은 국비지원 학원이다. 국비지원을 받을 조건이 될 경우 6개월 동안 수업을 무료로 들을 수 있다는 장점이 있기 때문이다. 다만, 강의 질 차이가 크기 때문에 좋은 학원을 잘 알아보고 신중하게 선택해야 한다.

▼ **표 3-1** 독학, 국비지원 학원, 사설 학원(부트캠프) 비교

구분	독학	국비지원 학원	사설 학원(부트캠프)
특징	<ul><li>인터넷 강의, 책으로 공부</li><li>의지와 방향성이 가장 중요</li><li>주변 도움이 있으면 좋음</li><li>비전공자가 성공하기 쉽지 않음</li></ul>	<ul><li>선택하는 학원, 강사에 따라 크게 좌지우지될 수 있음(강의 질 차이가 큼)</li><li>과정, 분야 선택이 중요(중간에 바꾸기 어려움)</li></ul>	<ul><li>선택하는 학원, 강사에 따라 크게 좌지우지될 수 있음</li><li>과정, 분야 선택이 중요(중간에 바꾸기 어려움)</li><li>취업 관련 정보 접근성이 높음</li></ul>
장점	<ul><li>원하는 시간을 알차게 활용 가능</li><li>자신에게 맞는 강의와 강사 선택 가능</li><li>취업까지 시간이 충분하고, 방향성이 올바르다면 추천(대학생 등)</li></ul>	<ul><li>그나마 체계적으로 공부할 수 있음</li><li>국비지원 조건이 된다면 학원비 무료(500~600만 원 상당)</li><li>약간의 교통비 지원(10~40만 원)</li><li>같이 공부하는 동기가 생김(향후 업계 정보 공유)</li></ul>	<ul><li>시스템이 좋음</li><li>주변 공부 환경이 좋음</li><li>취업 확률이 높은 편(반드시는 아님)</li><li>공부하는 주변 친구들의 열의가 높음</li><li>같이 공부하는 동기가 생김(향후 업계 정보 공유)</li></ul>
단점	<ul><li>취업 관련 정보 부족</li><li>(물어볼 사람이 없다면)문제 해결 어려움</li><li>어떻게 공부해야 할지 방향성을 고민하게 될 가능성 높음</li></ul>	<ul><li>취업 관련 정보가 부족할 수도 있음</li><li>최신 기술을 배우지 못할 수 있음</li><li>강사와 학생들의 열의가 떨어질 수 있음(Case by Case)</li><li>반드시 취업이 보장되는 것은 아님</li></ul>	<ul><li>학원비가 비쌈(최소 500만 원 이상, 생활비 포함하면 1,000만 원 이상 필요)</li><li>중간에 포기할 경우 높은 기회비용이 발생함</li><li>반드시 취업이 보장되는 것은 아님</li></ul>

물론 사설 학원에 다니든 국비지원 학원에 다니든 6개월 만에 모든 준비가 완벽하게 된 개발자는 될 수 없다. 6개월간의 커리큘럼을 마치고 나면 '아, 개발이 이런 것이구나!' 정도를 파악할 수 있는 최소한의 수준은

된다. 학원에 다니며 부족한 부분은 추가로 온라인 강의나 책으로 채우면 된다. 여러 온라인 강의를 미리 듣고 어느 정도 예습한 상태로 국비지원 학원에 가서 실력을 키울 수 있다면 일반 사설 학원보다 효과가 더 클 수도 있다. 어느 정도 예습했다면 국비지원 학원을 고려하는 것도 추천한다.

학원 6개월 커리큘럼

국비지원 학원이나 사설 학원(부트캠프)은 신입 개발자로 취업하기 위해 필요한 최소한의 내용을 바탕으로 커리큘럼이 짜여 있다. 다음 그림은 일반적인 신입 개발자 6개월 과정의 커리큘럼이다.

▼ **그림 3-1** 신입 개발자 6개월 과정의 커리큘럼

[1단계] 문법 학습

모든 학원에서 첫 달은 해당 분야에서 사용하는 프로그래밍 언어를 배우는 과정으로 이루어져 있다. 국비지원 학원에서 가장 많이 개설된 자바-스프링 백엔드 과정을 기준으로 보면 첫 1개월 동안은 자바를 배운다.

[2단계] 프레임워크 학습

문법을 배운 후 3개월 정도는 프레임워크를 배운다. 앞에서 프레임워크는 장난감 블록 세트와 유사한 개념이라고 설명했던 것처럼 이미 누군가가 잘 만들어 놓은 블록 세트의 사용법을 배우는 것이다. 첫 달에 배웠던 문법을 기반으로 코드 블록을 적절하게 조립하는 방법과 노하우를 훈련한다.

보통 백엔드 과정에서는 서버를 만드는 데 필요한 데이터베이스를 구성하는 방법, 프론트엔드와 의사소통하기 위해 API를 만드는 방법 등을 배운다. 앱 개발 과정이라면 기본 앱에서 화면을 만드는 법, 버튼을 만드는 법, 화면 배치를 하는 법 등을 배우게 된다.

[3단계] 개인 또는 팀 프로젝트

4개월 동안 기본적인 문법-프레임워크 과정을 마치면 마지막 단계로 개인 프로젝트 또는 팀 프로젝트를 2개월 동안 진행한다. 1, 2단계에서 배웠던 내용을 바탕으로 쇼핑몰, 게시판, SNS, 동영상 스트리밍 서비스 등 실제 취업 후 실무에서 만들 정도의 프로젝트에 도전한다.

총 6개월 과정을 마치면 어느 수준이 될까? 기본적으로 본인이 원하는 분야의 신입 개발자로 취업할 수 있는 최소한의 지식을 한 번 훑은 정도가 된다. 이후 학원을 졸업하면 그동안 배운 내용을 복습하고, 이력서와 포트폴리오에 들어갈 나만의 프로젝트를 추가로 진행하면서 면접을 준비하는 등 최소 2~3개월을 보낸다. 보통 학원 과정을 6개월 동안 밟는다고 가정하면 평균적으로 8~9개월 정도가 실제 학원에 입학하는 시점부터 취업하기까지 걸리는 기간이라고 보면 된다.

1 개발자가 되기 위해 선택할 수 있는 공부 방법에는 3가지가 있다.

- **독학**: 책과 인터넷 강의를 활용하고 모르는 내용은 블로그 검색 등을 통해 공부하는 방법이다. 원하는 시간에 자신에게 맞는 강의와 강사를 선택해 공부할 수 있지만, 어떻게 공부해야 할지 방향을 잡지 못하면 시간이 오래 걸릴 수 있다.

- **국비지원 학원**: 국가에서 지정한 학원에서 학원비를 지원받으며 공부하는 방법이다. 체계적으로 공부하면서 무료로 다닐 수 있으나, 선택하는 학원과 강사에 따라 강의 질이 크게 좌우되므로 사전에 좋은 학원을 고르기 위한 노력이 필요하다.

- **사설 학원(부트캠프)**: 개발자 양성 집중 과정을 운영하는 사설 학원에 다니며 공부하는 방법이다. 시스템이 좋고 졸업 후 취업 연계, 업계 정보 공유 등의 이점이 있으나 학원비가 비싸고 중도에 포기할 경우 높은 기회비용이 발생한다.

2 국비지원 학원이나 사설 학원(부트캠프)의 신입 개발자 과정은 보통 6개월 과정으로 짜여 있으며 문법 학습, 프레임워크 학습, 프로젝트 순으로 공부한다.

4 장

학원 6개월 경험과
공부 팁

들어가기 전에

이 장에서는 내가 사설 학원(부트캠프)에 다녔던 경험을 개월별로 최대한 구체적으로 이야기해 보려고 한다. 그때 경험한 것과 느낀 점에 대해 정말 많은 사람이 공감해 줬고, 같은 고민을 하는 사람들로부터 학원을 그만둬야 할지 계속 다녀야 할지 상담 요청을 많이 받았다. 누군가는 나와 똑같은 고민을 하고 있음을 잘 알기 때문에 이 장에서는 최대한 내가 경험한 것과 고민한 것을 나누고, 그런 고민을 하지 않을 수 있도록 예방하는 방법까지 소개하고자 한다.

먼저 학원의 일과를 이야기해 보겠다. 내가 다녔던 학원은 오전 10시에 시작했다. 주중에 수요일을 제외한 4일을 하루 4시간씩 수업했다. 나머지는 자습 시간이었는데, 나를 포함한 비전공자들은 대부분 자습 시간까지 꽉 채워서 저녁 10시 넘게까지 공부하다가 집에 오는 생활을 반복했다. 다 같이 열심히 공부하자는 분위기라서 우리는 대부분 주말에도 빠짐없이 학원에 나가 공부했다.

나는 남들보다 늦은 나이에 개발 공부에 뛰어든 상황이었기 때문에 누구보다 절박했다. 스타트업을 그만두면서 받았던 퇴직금의 절반을 학원비로 사용했고, 나머지 절반도 6개월간의 생활비로 써야 했다.

나는 아이폰ios 앱 개발 과정을 수강했다. 그래서 앱 개발 과정 자체를 이 장의 주된 예시로 사용한다. 학원에 다니며 느낀 점과 개발자 준비 과정 자체는 다른 분야와 크게 다르지 않으니 이 책을 읽는 여러분이 프론트엔드나 백엔드 개발 과정을 생각하고 있거나 이미 공부하는 중이더라도 내 경험과 크게 다르지 않을 것이다. 실제로 다른 개발 과정의 부트캠프를 경험한 사람들과 이야기해 보면 학원에 다니면서 느낀 점이나 배움의 과정, 프로젝트 진행 과정 등에서 겪은 어려움은 나와 크게 다르지 않았다.

학원 6개월 회고

1개월 차: 문법 공부

학원에 다니기 시작한 초반 1~2주까지는 마음 편하게 공부했다. 처음 배우는 내용이었지만 열심히 복습하면서 따라갔고 내용도 어느 정도 이해할 수 있는 수준이었다. 열심히만 하면 잘 따라갈 수 있겠다는 생각이 들었다.

그런데 3주차부터는 달랐다. 1~2주차와 비교해 진도가 너무 빨랐다. 매일 저녁과 주말을 온전히 쏟아부어도 진도를 따라잡을 수 없었다. 그뿐만 아니라 수업 시간에 배운 내용을 거의 이해하지 못했다. 강사가 타이핑하는 코드를 따라 치는 것만으로도 너무 정신이 팔려서 수업에 집중하기가 힘들었다. 다행히 학원에서 강의를 녹화해서 링크를 제공해 줬다. 그런데 몇 번을 돌려봐도 이해할 수 없는 수업들이 많았다. '내가 코딩에 소질이 있어서 나름 잘할 수 있지 않을까?'라고 생각한 것은 완전한 착각이었다는 것을 깨닫는 데는 불과 3주도 걸리지 않았다.

그렇다고 마냥 손 놓고 있을 수만은 없었다. 인프런Inflearn, 유데미Udemy 같은 코딩 강의 사이트에서 문법 강의를 추가로 구매해 듣기 시작했다. 쉽게 설명한 책도 사 보고 유튜브, 블로그도 검색해 가며 수업 시간에 이해하지 못한 내용을 다른 보충 자료들을 활용해서라도 나름대로 이해해 보려고 애썼다.

혼히 프로그래밍 언어의 필수 문법이라고 하면 조건문, 반복문, 함수, 배열 등을 떠올린다. 당시 나는 그런 문법의 60%도 이해하지 못했다. 그래도 정말 많은 시간을 투입해서 복습하고 외우려고 애썼기에 1개월 차 시험에서 대충 반에서 중간 정도 수준은 됐다.

1개월 차 후반부에는 클래스, 구조체, 객체지향 같은 개념이 나왔다. 나는 혼란스러웠다. 클래스의 개념을 도저히 이해할 수 없었기 때문이다. 이런 개념이 왜 필요한지, 어떻게 활용할 수 있는 것인지 전혀 감을 잡을 수 없었다. 객체지향 개념을 이해하기 위해 수많은 유튜브와 블로그를 검색했지만 결국 이해하지 못했다.

이해가 안 되어도 진도는 나갈 수밖에 없었으므로 모르면 모르는 대로 넘어갔다. 코드는 작성할 줄만 알았지 이런 개념이 왜 필요한지까지는 이해하지 못한 채 1개월이 지나갔다.

2개월 차: 프레임워크 공부 + 시험

2개월 차부터는 프레임워크를 배우기 시작했다. 진도를 따라가기가 더욱더 힘들어졌다. 내가 지금 무엇을 배우고 있는지 혼란스러웠고 이 개념을 언제 어떻게 써먹는지, 왜 이런 식으로 코드를 짜야 하는지 전혀 이해하지 못했다. 그리고 무엇을 외워야 하고 무엇을 외울 필요가 없는지 구분하기가 힘들었다. 모든 것을 다 외워야 써먹을 수 있는 줄 알았기 때문에 공부는 점점 부담이 됐다. 나는 기억력이 좋지 않아 외우는 걸 잘 못한다. 그래서 이때부터 '개발자와 내가 맞긴 하는 걸까?' 고민하기 시작했다.

나중에 알고 보니 프레임워크가 왜 필요한지 몰랐기 때문에 그런 고민을 한 것이었다. 사실 프레임워크가 어떤 원리로 만들어졌는지 이해하면 코드를 하나하나 외울 필요가 없다. 필요할 때 검색해서 찾아 쓰면 된다. 하지만 학원에서는 프레임워크를 일일이 외우지 않아도 된다는 것뿐만 아니라, 프레임워크를 어떻게 활용하는 것인지도 설명해 주지 않고 단순하게 코드 작성하는 법만 알려 줬다. 그러니 갈팡질팡하는 것은 당연했다.

문제는 또 있었다. 나는 우리 반에서 영문 타자 속도가 가장 느렸다. 수업 시간에 코드를 따라 치다 보면 어느새 수업은 끝나 있었다.

그렇게 악순환은 계속됐다. 그래도 녹화된 강의를 돌려 보며 최대한 공부했다(남들보다 시간이 배로 들었다). 프레임워크도 다른 인터넷 강의를 추가로 결제해 들으며 최대한 내 것으로 만들어 보려고 애썼다. 하지만 하나도 와닿지 않았다. 죽을 만큼 노력은 하고 있었지만 내 지식이 되는 것은 아무것도 없는 것처럼 느껴져 스트레스가 이만저만이 아니었다.

중고등학교 때는 나름대로 공부를 잘하는 축에 속했는데, 코딩은 시간을 절대적으로 투자한다고 해서 내 맘처럼 쉽게 되지 않았다. 누구보다 일찍 학원에 가서 수업을 듣기 전에 공부를 시작하고, 누구보다 늦게 집에 왔으며, 주말에도 쉬지 않고 공부했는데도 코딩에 대한 감을 전혀 잡을 수 없었다.

학원에선 항상 월말에 시험을 봤다. 나는 2개월 차 시험을 보면서 너무 화가 났다. 간단한 앱을 만들어 보라는 문제가 나왔는데 배운 내용을 훨씬 뛰어넘는 응용 문제여서 손조차 댈 수 없었다. 나무로 의자를 만드는 간단한 것만 알려 준 상태에서 갑자기 집을 지어 오라는 느낌이었다. 물론 전공자를 비롯한 몇몇은 문제를 다 풀었다. 나는 내가 응용력이 모자라서 간단한 앱조차 만들 수 없었다고 생각했다. 열심히 했던 만큼 자괴감이 크게 밀려와 괴로운 나날을 보냈다.

그런데 지금 와서 돌이켜 보면 못 푸는 것이 당연했다. 완전 초보가 그런 응용 문제를 풀 수 있다면 분명 코딩 천재일 것이다. 당시에는 그런 사소한 깃조차 구별해 낼 수 있는 실력이 아니었기 때문에 좌절과 동시에 그동안 공부해 온 시간이 나 자신을 부정하는 것처럼 허무하게만 느껴졌다.

3개월 차: 프레임워크 공부 + 미니 프로젝트

3개월 차가 됐지만, 나는 여전히 영문 타자 때문에 고생하고 있었고 수업을 이해하지 못했다. 하루에도 수십 번씩 '그만둬야 하나'라는 생각을 되뇌었다.

같이 수업을 듣는 비전공자들의 상황도 대부분 나와 비슷했다. 가끔씩 공부를 마치고 근처 편의점에서 맥주 한잔 하면서 똑같은 고민을 토로했다. 공통적인 고민은 학원 과정을 마치고 정말 개발자가 될 수는 있는지, 취업할 수는 있는지였다. 이렇게 수업을 따라가는 것조차 버거운데 취업할 수 있을지 의심하는 것은 어찌 보면 당연했다.

3개월 차 마지막 주에는 미니 프로젝트를 했다. 일주일 동안 2명씩 짝을 이뤄 앱을 만드는 것이었다. 나는 프로젝트를 하기 전부터 걱정했다. 코드를 이해하고 짤 수 없으니 팀원에게 피해를 줄까 봐 염려됐기 때문이다. 또 무엇을 하나라도 제대로 만들 수 있을지, 코드를 작성할 수 있을지에 대한 확신이 서질 않았다.

어쨌든 팀원에게 최대한 피해를 주지 말자는 생각으로 코딩은 잘 못하더라도 다른 부분에서 최대한 기여하고 노력하는 모습을 보여 주고자 했다. 실제로 스타트업을 운영한 경험을 살려 프로젝트 기획을 맡았다. 기획에는 100% 기여하고, 나머지 실제 개발(코딩)은 20~30% 정도 참여했다.

그렇게 겨우겨우 어떻게든 동작하는 앱을 만들긴 했지만 코드를 제대로 짠 것인지 그런 것에는 관심이 없었다. 아니, 관심을 둘 여유조차 없었다. 주요 로직과 동작 대부분은 다른 팀원이 만들었기 때문에 내 실력으로 만든 앱이 아니라는 생각이 들 뿐이었다.

그즈음 옆 반에서 중간에 그만둔 학생들 이야기가 들려왔다. 나는 심란해졌다. 남의 이야기 같지 않기 때문이었다.

4개월 차: 프레임워크 공부 + 미니 프로젝트

4개월 차가 되니 학원을 그만둬야 할지에 대한 고민은 더 깊어졌다. 이런 식으로 계속 배운다고 해서 내가 무언가 깨달음을 얻거나 개발자가 될 수 있을 것 같지 않았다. 마지막 5~6개월 차에 최종 팀 프로젝트를 해야 하는데, 팀원들에게 피해만 주는 것은 아닐지 두려움이 가장 컸다. 아무것도 할 줄 모르는 상태에서 팀 프로젝트라는 거대한 일정을 남겨 두고 있었기 때문에 이제라도 그만둬야 할지 고민은 머릿속을 떠나지 않았다.

4개월 차 마지막 주에 또 한 번 미니 프로젝트를 했다. 어차피 아무것도 할 줄 몰랐기 때문에 반에서 최하위권을 유지하던 3명이 모여 팀을 꾸렸다. 이번에도 개발 이외 어떤 것이라도 해서 팀에 기여하고자 했다. 아이러니하게도 반에서 가장 못하는 사람들끼리 모여서 부담은 덜했다.

셋이서 내부 로직이나 동작을 구현하기란 불가능했다. 그냥 겉모습이라도 예쁘게 만들어 잘 동작하는 것처럼 보이게라도 만들자고 의기투합했다. 실제 결과물도 그랬다. 서버를 연결해서 화면에 무언가 보여 주어야 했는데 실제 내부에선 제대로 동작하는 것이 아무것도 없었다. 서버와 제대로 통신되지 않아서 앱에 직접 데이터를 넣어 동작하는 것처럼 보이게 만들었다. 어떻게든 꾸역꾸역 프로젝트 발표까진 마쳤지만 결과물은 형편없었다. 최하위권 3명이 모여 그럴듯한 사용자 화면UI, User Interface이라도 만든 세 어디냐며 자기 위안과 정신 승리를 할 뿐이었다.

5~6개월 차: 팀 프로젝트

5개월 차에 팀 프로젝트에 들어가면서도 스스로를 의심했다. 언제 그만둬도 이상하지 않을 상황이었다. 그런데 다행히도 일단 계속해 보자고 용기가 생긴 계기가 있었다.

팀 프로젝트는 마음 맞는 사람들끼리 팀을 짜라고 했는데, 이때 팀 프로젝트를 같이 하자고 제안해 준 착한 동생들이 있었다. 학원에 다니는 동안 주변 사람들을 잘 챙기려고 한 모습을 좋게 봐준 듯했다. 동생들은 내가 스타트업 기획자로 일한 경험이 있으니 나랑 같이 프로젝트를 하면 좋은 결과물이 나올 것 같다고 했다. 개발은 팀에서 실력 있는 사람이 하면 되니, 결과는 걱정하지 말고 일단 끝까지 같이 한번 해 보자고 했다.

미니 프로젝트의 결과물도 너무 좋았고 반 전체에서도 실력이 월등했던 동생들이 같이 하자고 제안해 주니 놀라운 마음과 미안한 마음이 교차했다. 한편으론 안도감이 들기도 했다. 팀에 피해를 주지 않기 위해 잠을 줄여서라도 최선을 다할 마음이었기에 기쁜 마음으로 팀 프로젝트를 시작하게 됐다.

학원에서는 앱 개발 3명, 프론트엔드 3명, 백엔드 3명을 묶어서 최종 팀을 만들어 줬다. 앱과 웹 사이트까지 이어지는 실무에서나 볼 법한 큰 규모의 프로젝트였다. 백엔드 개발자들이 만든 데이터를 서버로부터 받아오는 것까지 연습해 볼 수 있는 기회였다. 프론트엔드 개발자들은 웹 사이트도 만들었다.

논의 끝에 넷플릭스 서비스를 똑같이 만들기로 했다. 앱 서비스와 웹 사이트를 둘 다 만드니 앱과 웹의 디자인은 물론 동영상 재생 같은 심화 기능까지 정말 많은 것을 배울 수 있는 기회였다.

프로젝트가 시작됐지만, 역시나 나는 잘 따라가지 못했다. 그래서 쉬운 부분, 내가 할 수 있는 부분부터 코드를 짜기로 했다. 앱에서 동작하는 기능은 제대로 만들지 못하더라도 앱의 화면 디자인은 무조건 똑같이 만들어야겠다고 생각했다.

사실 앱의 화면 디자인을 따라 만드는 것은 그리 어렵지 않았다. 파워포인트에 익숙해지면 네모 상자 위에 화살표를 올리는 것이 어렵지 않듯이, 앱의 화면을 만드는 일도 몇 가지 규칙을 따르면 되기 때문이었다. 물론 코드로 화면을 만들어야 해서 익숙해지는 데 시간이 걸리긴 했다. 그러나 익숙해지고 나선 단순히 코드를 반복하기만 하면 됐다.

팀에 기여할 수 있는 유일한 일이라고 생각했기 때문에 한 달 동안 3~4시간씩 자면서 최대한 빠른 시간 안에 앱 화면을 여러 개 만들었다. 팀원들이 배려해 줘서 무난하게 팀 프로젝트를 시작했으므로 팀에 피해를 주지 않으려 최선을 다했다.

앱 화면을 만드는 동안, 다른 팀원이 서버와 통신하는 코드 구조를 설계했다. 나는 그 코드를 반도 이해하지 못했지만, 응용해 볼 수 있는 지점들이 있었다. 예를 들어, "http://....."와 같은 URL 주소가 주어진 후 서버에서 데이터를 받아와 화면에 이미지를 보여 줬는데, '아! URL 주소만 바꿔 주면 결과적으로 다른 이미지가 나오겠구나.' 하고 코드 내용을 유추할 수 있었다.

그때부터 잘하는 동생이 만든 코드를 무작정 복사해다가 사용했다. 어떻게 동작하는지 원리는 전혀 이해하지 못했지만, 결과적으로는 동작하도록 만들었다. 그런 지점들이 많아지면서 앱을 만드는 것이 재밌어졌다. 이해는 못해도 코드를 복사해다가 한두 개씩 바꿔 보면서 활용해 보니 실제 농작하는 코드를 작성할 수 있었다. 물론, 제대로 동작하지 않는 부분도 있었다. 그때마다 구글 검색에 몇 시간씩 매달렸다. 그렇게 찾은 코드로 살짝 바꿔 보고 밤을 꼴딱 새면서 수정했더니 동작하는 코드들이 하나둘씩 늘어났다.

지금 생각해 보니 이때부터 코딩에 재미를 느꼈던 것 같다. 정말 간단한 코드였는데 2~3시간 고민하다가 어떤 변수를 만들어서 해결하기도 하고, 우연하게 구글에서 검색해 복사한 코드가 동작하기도 했다. 앱의 결과 화면이 바로 눈에 보이니 '내가 이걸 정말 만들었어?', '디자인 예쁘게 잘 만들었네', '와, 하나도 못하던 내가 그래도 하나씩 만들고 있네?'라는 감정들이 생기면서 코딩이 재밌어졌다.

이렇게 팀 프로젝트를 하면서 '코딩하는 재미'를 알게 됐다. 또 처음부터 코드를 못 짜더라도 구글에서 검색하거나 누군가 잘 만들어 놓은 코드를 요령껏 '잘 복사해 붙여 넣어 사용하는 방법'을 깨달았다. 이렇게 문제 해결법을 알고 나니 그동안 공부하면서 무엇이 잘못됐는지, 외울 필요가 없는 부분은 어딘지, 앞으로 어떤 방식으로 공부해야 할지를 깨달을 수 있었다. 팀 프로젝트에서 거둔 가장 큰 수확이었다.

그렇게 팀 프로젝트를 잘 마무리었다. 수백 번 아니, 수천 번을 중간에 그만두어야겠다고 생각하던 내가 중간에 그만두지 않고 학원을 졸업할 수 있었다. 지나고 보니 코딩 실력은 4개월 동안 하나도 성장하지 못하다가 마지막 2개월 동안 팀 프로젝트를 통해 많이 배우고 성장했다.

학원을 졸업한 시점에도 여전히 개발을 잘하는 사람이라고 할 수는 없었다. 다만, 한 가지 분명한 것은 중간에 그만두지 않고 끝까지 완주했다는 것, 코딩에 작은 재미를 느꼈다는 것, 그래서 개발을 포기하지 않아도 되겠다고 생각하고 마지막까지 자존감을 지킬 수 있었다는 것이다. 만약 팀 프로젝트를 끝까지 하지 않았더라면 이런 것들을 깨닫지 못했을 것이다. 지금 와서 생각하니 아찔하기도 하다.

팀 프로젝트 결과물 소개

다음은 마지막 팀 프로젝트를 통해 만든 앱 화면이다. 꽤 그럴듯해 보이지 않는가? 실제 앱이라고 착각할 만큼 넷플릭스와 똑같이 만들었다. 첫 번째는 사용자 선택 화면, 두 번째와 세 번째는 프로필 추가 화면, 마지막은 실제 영화를 볼 수 있는 재생 화면이다.

▼ **그림 4-1** 팀 프로젝트 결과물

6개월간 학원에 다니면서 수천 번도 넘게 개발 공부를 포기해야 하지 않을까 고민하던 나 같은 사람도 이렇게 만들었다면 당연히 여러분도 할 수 있다. 내가 잘했기 때문에 이런 결과물을 만들어 낼 수 있었던 것이 아니다. 요령이 없었고, 공부하는 방법 자체를 몰랐다. 그래도 어떻게든 팀 프로젝트를 거치고 나니 앞으로 어떻게 공부해야 할지 방향성만큼은 정확히 잡을 수 있었다.

그래서 이제는 자신 있게 말할 수 있다. 초반에 개발 공부에 대한 요령과 접근법만 알고 있으면 누구나 개발자가 되기 어렵지 않다고.

학원 수료 후 느낀 점

학원에 다닌 6개월 중 이론을 배운 4개월보다 팀 프로젝트를 한 2개월 동안 더 많은 것을 느끼고, 배우고, 성장할 수 있었다. 중간에 포기하지 않아 다행이라는 생각도 든다. '그때 그만두지 않길 잘했다'는 말을 몇 번이나 되뇌었는지 모른다. 만약 중간에 포기했거나 마지막에 팀 프로젝트를 경험하지 못했다면 개발이 재미있다고 느꼈을까? 이 많은 것 중에 조금이라도 깨달은 점이 있었을까? 그때 당시의 그만두고 싶은 마음들을 떠올리면 포기하지 않고 끝까지 한 것이 얼마나 다행스러운지 모른다.

그래서 여러분보다 먼저 경험해 본 사람으로서 학원 과정이 끝나고 느낀 점과 학원에 가기 전에 가져야 할 마음가짐에 대해 이야기해 보고자 한다.

나만 못하는 게 아니다

학원에 오는 사람들은 모두가 절박하다. 내가 본 사람 중에는 자동차 정비공도 있었다. 학원에 모인 사람들은 마케터, 치과 위생사, 디자이너, 수학 강사, 직업 군인, 다른 분야 개발자, 유학생 등 직업도 다양했다. 나처럼 서른이 넘어 모든 것을 포기하고 부모님이나 친구, 주변 시선까지 극복하고 학원에 와서 개발 공부를 시작한 경우가 대부분이었다. 이렇게 다른 분야에서 일하다가 개발 공부를 시작한 이유는 자신의 본래 직업에서 미래가 보이지 않아서였다. 다들 지금보다 나아질 미래를 위해 투자하고 도전하기 위해 간절한 마음으로 학원에 왔다.

그런데 이런 장밋빛 미래를 꿈꾸다 좌절하게 될 때 그 상실감과 패배감은 이루 말할 수 없다. 게다가 아무리 노력해도 안 되는 것 같다는 느낌마저 들면 우울감에 빠지기도 한다. 나 또한 학원에 다니던 시기에 내 인생에서 가장 초라했고 자존감이 바닥을 쳤다.

주변에서 개발 공부를 하다가 우울증에 빠지는 경우를 많이 보았다. 심지어 원형 탈모가 온 사람도 있었고, 우울증 때문에 중간에 개발 공부를 그만뒀다는 이야기도 많이 들었다. 실제 경험자로서 그럴 수밖에 없다고 생각한다. 잠까지 줄이며 아무리 노력해도 극복할 수 없다는 생각 때문에, 또 적성에 안 맞는다는 생각 때문에 희망의 끈을 놓아 버리게 되는 것을 100% 이해한다.

나와 팀 프로젝트를 함께한 다른 분야의(프론트엔드, 백엔드) 팀원들 중에서도 결국 2명이 중도 포기했다. 코드는 이해되지 않고 팀에 기여할 수도 없으니 팀원끼리 불화가 생겨 개발자의 길을 중간에 포기하고 학원도 그만뒀다. 나도 비슷한 고민을 했기에 정말 안타까웠다. 어쩌면 저게 내 모습이 될 수도 있다는 생각이 들었다.

보통 사설 학원이나 부트캠프에서는 중간에 그만두는 비율이 25% 정도 된다고 한다. 내가 다닌 학원에서도 비슷한 비율로 중도 포기자가 생겼다. 그리고 국비지원 학원은 그 비율이 좀 더 높아서 40% 정도 된다고 알려져 있다. 그만큼 개발 공부는 진입 장벽이 높다.

절대 포기하지 말아야 한다

어떻게든 버텨서 학원을 졸업해 보니 포기하지 않는 사람이 승자라는 생각을 지울 수 없다. 물론 그 속에서 겪는 정신적 스트레스를 버텨 내기가 결코 쉽지 않다는 것도 잘 안다. 나도 98%는 포기할 뻔했고 어떤 계기(팀 불화 등)가 1%만이라도 추가됐다면 언제 포기해도 이상하지 않을 사람이었다.

그런데 모든 과정이 지나고 보니 팀 프로젝트가 가장 중요했고 터닝포인트가 되는 순간이었다. 아무것도 모르는 상태에서 남의 코드를 베껴가며 어떻게든 작은 기능 하나라도 작동해 보려고 밤을 새웠던 것이 변화의 시작이었다. 코딩하다가 아침 해가 뜨는 걸 본 적도 많다. 그렇게 2개월간 미친 듯이 코딩만 했고 그 과정에서 많은 것을 깨달았다. 어쩔 수 없이 놓인 타의적 환경에서 2개월간 3~4시간씩 자면서 나 자신을 몰아붙일 수 있는 기회는 흔치 않다. 그로 인해 어느 정도 깨달음과 성장을 이루었다는 것 또한 부인할 수 없다.

제로의 상태에서 알아볼 수 있는 코드가 한두 개씩 늘어났다. 변수(저장 속성)를 사용해서 데이터를 저장했다가 사용하는 원리도 깨달았다. 구글에서 검색해서 다른 사람의 코드를 베껴 사용하는 방법도 깨닫게 됐다. 앱 화면만 만들 줄 알았던 내가 서버에 데이터를 전달하거나 서버에 있는 데이터를 받아와서 실제로 화면에 표시하는 것까지 할 수 있게 됐다. 풀려고 몇 시간을 매달려도 풀리지 않던 문제가 자고 일어나서 다시 생각해 보니 풀린 적도 있었다. 극도의 좌절 상태에서 깨달음이 하나둘씩 늘어가면서 성장하는 걸 직접 느끼고 경험했다. '코딩의 재미'와 '결과물을 완성해 나가는 재미'를 느꼈다.

그 이후로 3년이 지난 지금은 프로그래밍하다가 쉽게 풀리지 않는 문제가 생기면 대수롭지 않게 생각한다. 조금만 머리를 식히고 다시 생각해 보면 문제를 해결할 수 있으리라 여긴다. 다른 문제를 먼저 풀고 그 문제는 내일 다시 생각한다. 그렇게 또 다음날이 되면 풀리지 않던 문제가 의외로 쉽게 잘 풀리고 넘어간다. 학원에서 첫 프로젝트를 했을 때 이런 과정들을 겪으며 결국에는 어떻게든 문제가 해결된다는 것을 경험해 봤기 때문에 지금은 자신감도, 문제를 대하는 태도도 180도 달라졌다.

지금 학원에 다니는 사람이 내 옆에 있다면 등을 토닥이면서 해 주고 싶은 이야기가 정말 많다. 절대 포기하지 말라고, 버티다 보면 깨닫는 것도 있다고, 처음 시작은 누구나 똑같이 어렵고 힘들다고, 그런데 그 과정을 조금만 지나면 빛이 보일 것이라고 말해 주고 싶다. 나도 똑같이 좌절을 겪고 벼랑의 끝에 서 본 사람이기에 그 감정을 너무 잘 안다. 6개월은 우리 전체의 인생을 놓고 봤을 때 엄청나게 짧은, 눈 깜짝할 순간일 뿐이니 끝까지 한번 해 보라고 말해 주고 싶다. 이미 9부 능선까지 왔으니 여기만 지나면 바로 정상이라고 말이다.

문법과 프레임워크는 공부 방법을 달리 해야 한다

누군가 나에게 개발 공부가 어떤지 물어보면 항상 보여 주는 그래프가 있다. 나름대로 만든 학습 곡선learning curve인데, 개발을 공부할 때 실력이 어떻게 쌓여가는지 한눈에 볼 수 있다.

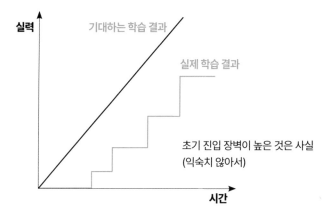

▼ **그림 4-2** 개발 공부의 학습 곡선

보통 공부할 때 학습 결과가 시간과 노력에 비례하여 올라갈 것이라고 기대한다. 그러나 실제 학습 결과는 그렇지 않다. 특히 개발 공부에서는 더욱 그렇다. 시간과 노력을 아무리 들여도 그에 비례해 성장하지 않는다. 무작정 외운다고 되는 것이 아니라는 말이다.

가장 큰 문제는 분명 한글로 쓴 글이나 책인데 아무리 읽어도 전혀 이해할 수 없는 부분이 많다는 점이다. 따라서 공부하는 시간이 절대적으로 많다고 해서 내가 아는 지식이 그에 비례해서 늘어나지 않는다.

또 하나의 문제는 공부 자체가 어렵게 느껴진다는 점이다. 이론적으로 많은 내용을 배운다고 해도 그것들을 왜 배우는지, 앞으로 어떻게 써먹을 것인지 예상조차 할 수 없기 때문에 잘 와닿지 않고 어렵게만 느껴진다.

그런데 나중에 깨닫고 보니 공부하는 방법이 완전 달랐다. 프로그래밍 언어의 문법은 기본 법칙이기 때문에 '외우는 방식'으로 접근해야 한다. 물론 코드의 동작 방식은 최대한 이해하면서 외우는 것이 좋다. 프로그래밍 언어의 문법은 기존의 학문과 다른 부분이 있다. 그래서 이해하는 데 꽤 오랜 시간이 걸릴 수 있다는 점을 인지해야 한다.

반면 프레임워크는 잘 만들어 놓은 도구를 사용하기만 하면 된다. 이해했다면 굳이 외울 필요 없이 '코드를 잘 복사해서 사용'할 줄 알면 된다. 따라서 사용 방식에 익숙해지는 방향으로 공부해야 한다.

- **문법 공부 방법**: 기본 법칙이므로 최대한 많이 외워서 익숙해져야 한다. 생소한 내용이므로 초반에 절대적으로 많은 분량을 학습해야 한다.
- **프레임워크 공부 방법**: 프레임워크를 왜 사용하는지 그 목적을 이해하면 외울 필요는 없다. 코드는 언제든지 복사해서 사용해도 상관없으므로 오픈 북(Open Book) 형태로 사용할 수 있다는 점을 명심하자. 실제로 프로젝트에 프레임워크를 사용하다 보면 사용법을 명확하게 알게 되므로 처음부터 부담을 갖고 이론을 익힐 필요가 없다.

일반적으로 개발 공부를 시작할 때 이런 학습 방법을 아무도 이야기해 주지 않는다. 대부분은 이런 접근 방식 자체를 아예 모르기 때문에 시작부터 어려움을 겪는다. 심지어 학원 강사는 수업만 진행하기 바쁠 뿐 어떤 방식으로 접근해야 효율적으로 학습할 수 있는지를 간과하는 경향이 크다. 개발은 개발에 적합한 학습 방법으로 접근해야 한다는 것을 알고 시작해야 시행착오를 줄일 수 있다.

나는 이런 원리를 깨달은 후 개발 공부가 훨씬 쉽다고 느꼈다. 열심히 외워야 하는 부분은 반복해서 공부해 지식의 양을 늘려 갔고, 외우지 않아도 되는 부분은 이해한 다음 언제든지 찾아서 사용할 수 있을 정도로만 공부했다. 당연히 학습 효율은 배로 올라갔다.

학원의 명확한 장단점

모든 것을 떠먹여 주지 않는다

내가 다닌 학원은 당시 꽤 유명했다. 비전공자도 6개월간 공부하면 1년 6개월 차 수준의 개발자가 될 수 있다고 광고했다. 하지만 학원을 졸업하면서 광고는 광고일 뿐이라는 것을 절실히 깨달았다. 학원은 완전히 초심자인 비전공자를 배려해 수업하지 않는다. 아니, 할 수 있는 구조가 아니다. 물론 학원마다 다르겠지만 대부분은 완전히 기초적인 수준부터 설명하지 않는다.

일단, 비전공자 학생과 강사의 수준 차이가 너무 크다. 예를 들어 강사는 배열이 무엇인지, 변수가 무엇인지, 클래스가 무엇인지와 같은 기초적인 내용을 10년 또는 15년 전에 공부했을 것이다(눈 감고도 코드를 작성할 수 있을 정도로 너무나 뻔하고 당연한 것일 지도 모른다). 그런데 아주 기초적인 개념을 설명하라고 하면 비전공자가 알아듣기 쉽게 설명하기는 힘들 것이다.

내가 학원에 다닐 때도 최대한 학생을 배려한다고 했지만, 강사의 설명과 내 이해도 사이에 격차가 절대 좁혀질 수 없음을 많이 느꼈다. 질문해서 어느 정도 간극을 극복할 수 있지 않냐고도 생각할 수 있지만, 질문하는 데도 한계가 있어서 결국 학생도, 강사도 지친다. 또 질문을 많이 하면 정해진 진도를 못 나가기 때문에 어느 순간부터는 학생도 질문하지 않고, 강사도 질문을 원천적으로 차단하게 된다. 물론 예습해 온 사람이나 전공자라면 대충 설명해도 찰떡 같이 알아들을 것이다.

강사와 학생의 수준 차이뿐만 아니라 학생 간에도 수준 차이가 나기 때문에 당연히 수업은 중간 또는 그 이상에 맞춰 진행된다.

그래서 비전공자는 학원에 너무 많이 기대하고 가면 안 된다. 수백만 원을 냈더라도 완전히 기초부터 가르쳐 주지 않는다. 하나하나 쉬운 내용부터 가르쳐 줄 것이라고 기대했다가는 많은 부분에서 실망해 중간에 그만둘 것이고, 오히려 기대를 덜 하고 가면 완주하기 쉬울 것이다.

학원은 모든 것을 떠먹여 주지 않는다. 개발이라는 분야 자체가 초심자가 쉽게 접근하기 어렵기 때문에 준비되지 않은 사람은 100% 고생할 수밖에 없다.

동료가 생기고 프로젝트를 할 수 있다

학원이 비전공자를 고려하지 못한다는 단점에도 불구하고 학원의 장점은 명확하다. 이는 크게 2가지를 들 수 있다.

첫째, 미니 프로젝트와 대단위 팀 프로젝트를 할 수 있다. 이 점이 정말 중요하다. 프로젝트를 통해 많이 성장할 수 있기 때문이다. 이 부분은 나뿐만 아니라 그만둘 뻔한 다른 친구들도 입을 모아 했던 말이다. 프로젝트를 경험해 보지 못했다면 실제로 개발하는 재미는 물론 내가 정말 개발자가 될 수 있을지에 대한 확신도 얻지 못했을 것이다.

둘째, 같은 목적으로 공부하는 동료가 생긴다. 동료가 생기면 향후 업계에서 계속 정보를 공유할 수 있다. 또 취업 정보를 공유하며, 필요하면 같이 면접 스터디도 할 수 있다. 나는 학원에 다니면서 같이 공부한 친구들과 대학 동기 이상으로 친해졌다. 아무래도 하루 종일 붙어서 6개월을 지냈으니 안 친해지려야 안 친해질 수가 없었다. 특히 나 같은 비전공자는 향후 업계에서도 지속해서 정보를 공유할 사람이 필요한데, 그런 측면에서 학원 동기는 든든한 지원군이다.

학원 평가에 대한 극명한 차이

이렇게 장단점이 분명하다 보니 학원에 대한 평가도 수강생에 따라 극명하게 갈린다. 잘하는 사람들은 한층 업그레이드될 수 있으니 만족하는 편이고, 나같이 하나도 준비가 안 된 초심자는 학원 과정과 강사에 불만을 가질 수밖에 없다. 우리 수업도 그랬다. 코딩을 처음 접해 수업을 따라가지 못하는 비전공자 수강생 대부분은 수업이 별로라고 생각했다. 마지막 팀 프로젝트 때 많이 배우고 성장할 수 있어서 그나마 다행이라고 생각했지, 그 외의 수업이 좋았다고 생각한 비전공자는 거의 없었다.

하지만 전공자들이나 미리 온라인 강의 등으로 3개월 이상 예습하고 온 친구들은 학원에서 고생하지 않았다. 오히려 그동안 독학하면서 알 수 없었던 세부 내용을 배울 수 있어서 만족한다고 했다.

이건 어찌 보면 당연한 결과다. 이미 요리할 줄 아는 사람이 장인을 만나 중요한 포인트를 배워 부족한 부분을 메꾸면 일취월장할 수 있지 않을까? 내가 다닌 학원뿐만 아니라 다른 학원도 대부분 이런 식으로 강의에 대한 평가가 극명하게 갈린다.

그렇다고 해서 원래부터 잘하던 이들의 평가가 잘못된 것은 아니다. 그들은 그들 수준에서 많은 것을 배웠으니 본인 입장에서 수업이 좋았다고 말할 수 있다. 단지 서로 다른 출발점에서 시작한 것뿐이므로 어느 쪽이 맞다는 정답은 없다.

만약 그때로 돌아간다면

반드시 예습한다

준비된 사람은 더 얻어 갈 수 있다. 학원은 비전공자에게 모든 것을 알아서 떠먹여 주거나 배려해 주지 않는다. 그래서 무조건 예습하고 가야 한다. 특히 국비지원 학원에 갈 경우 꼭 예습하고 가야 한다. 여러분이 학습하려는 분야의 프로그래밍 언어 문법은 최소한 2개월 이상 공부하고 가기 바란다.

만약 시간이 없어서 예습을 못했다면? 차라리 등록을 미뤄라. 그렇게 해서라도 예습하고 가야 한다. 학원비를 낭비하지 않으려면 반드시 예습해야 한다. 내가 학원을 포기할 뻔하면서 고생하고 자존감이 바닥까지 내려갔던 이유의 90%가 예습하지 못했기 때문이다.

학원은 진도가 정말 빠르다. 문법 내용을 잠깐이라도 고민할 시간 여유가 없다. 클래스나 구조체, 객체지향 같은 개념을 학원에서 배우려고 한다면 오산이다. 이해하기 위해 고민할 일말의 시간 여유도 주지 않는다. 코드를 따라가기도 바쁜데 이런 개념이 왜 필요하고 언제 쓸 수 있는지 이해할 시간이 있을까? 또 최소한의 문법 개념에서 파생된 속성, 생성자, 상속, 인터페이스 같은 개념을 이해할 수 있을까? 절대 짧은 시간에 이해하지 못한다. 이해하려고 애써도 이해되지 않으니 본인이 부족하다고 자책하는 악순환으로 이어진다.

다른 분야에서는 접하지 못한 수많은 개념들이 코딩에서 등장한다. 그리고 그것들을 어느 정도 자유자재로 활용할 수 있어야 실제 프로젝트에 적용할 수 있다. 아니, 최소한 코드를 읽고 이해할 수 있다.

이 책을 읽고도 예습하지 않는다면 그건 이제부터 여러분의 책임이다. 만약 이 책에서 얻어갈 딱 한 가지가 무엇이냐고 묻는다면 나는 주저 없이 "예습하고 학원 가기!"라고 답하겠다. 그만큼 아무리 강조해도 지나치지 않다. 나에게 2개월 정도만 예습할 시간이 있었다면 나의 학원 생활은 단연코 바뀌었을 것이다. 훨씬 재밌게 다녔을 것이고, 배울 수 있는 양도 확연히 달랐을 것이다.

가능하면 프레임워크 기초 수준까지 예습한다

프로그래밍 언어의 문법을 예습하는 것은 학원에 다니기 위한 최소한의 조건이다. 만약 문법을 모두 예습했다면 프레임워크 기초 수준까지 공부하고 가면 더 좋다. 그리고 프레임워크를 사용해 간단하게라도 무언가 만들어 보면 좋다.

예를 들어, 프론트엔드 분야를 지망한다면 리액트, 뷰 같은 프레임워크를 사용해 웹 페이지를 간단하게 구현해 보면 좋다. 앱 개발 분야라면 간단한 앱을 한두 개 정도 만들어 보고 학원에 가면 훨씬 많은 것을 배울 수 있다. 이렇게 조금씩이라도 실제 결과물을 만들어 보면 본인이 이해하지 못한 부분이 무엇인지 알게 되고, 실제 활용은 어떻게 하는지 파악하기 쉽다. 또 강사의 실전 노하우까지 내 것으로 만들 수 있다.

같이 학원에 다닌 비전공자 중에는 나처럼 고생하지 않았던 사람도 한두 명 있었다. 그 친구들은 6개월 이상 독학하면서 이미 많은 코드를 경험한 상태로 학원에 들어왔다. 가끔 학원에 왜 왔는지 이해되지 않을 정도로 많은 내용을 알고 있었다. 그런데 이 친구들은 내가 이런 생각을 하는 것이 무색할 만큼 학원 수업을 만족했다. 그동안 공부하면서 부족했던 내용과 실전에 활용되는 부분을 자세하게 배울 수 있어서 도움이 많이 됐다고 했다.

학원에서 얼마나 많이 얻어가느냐는 얼마나 많은 내용을 사전에 알고 있는지에 따라 달라진다. 국내외에 코딩 관련 인터넷 강의 사이트가 많다(이러한 자료는 10장에서 자세히 소개하겠다). 다시 한번 말하지만 인터넷 강의와 책 등으로 반드시 예습하고 가자.

영문 타자를 연습한다

앞에서 이야기했듯 학원에 다니면서 애를 먹은 부분은 영문 타자 속도였다. 평소에 영문으로 타자를 쳐 볼 일이 자주 없어서 내가 느린지 몰랐다. 막상 학원에 다녀 보니 타자 속도가 느려 수업에 집중하지 못했다. 수업 내용을 이해할 시간 없이 코드를 따라 치는 데 바빴고, 나중에 따로 녹화 영상을 보면서 복습 아닌 복습을 했다.

사소한 팁인 것 같지만, 이 부분 또한 많은 사람이 공감했다. 개발 공부를 이제 막 시작한 사람 중에는 생각보다 영문 타자가 느린 사람이 많다. 개발자가 되기로 했다면 영문 타자는 기본이다. 영문 타자 속도가 빠르면 강사가 작성하는 코드를 금세 따라 칠 수 있고 수업 내용을 조금이라도 더 듣고 이해할 수 있다. 학원에 가기 전에 영문으로 타자를 빨리 칠 수 있도

록 최대한 연습하고 가자. 구글에서 '영문 타자 연습'을 검색하면 활용할
수 있는 사이트가 많다. 어디든 들어가서 2~3주 이상 매일매일 연습해서
꼭 영문 타자 속도를 높이자.

무작정 프로젝트에 도전한다

프로그래밍 언어의 문법과 프레임워크를 배우면서 나는 내용을 하나도
이해하지 못했다. 그래서 아무것도 만들지 못할 것이라고 생각했다. 하지
만 팀 프로젝트에 들어가니 몰라도 무조건 해야 했다. 다른 팀원들까지 기
다리게 할 수는 없으니까 그냥 했다.

당시 나는 내가 할 수 있는 부분부터 만들기 시작했다. 코드를 한 줄이
라도 더 치기 위해서 구글에서 검색했고, 이 코드 저 코드를 가져다 붙여
넣으면서 무언가 동작해 보려고 노력했다. 엄청난 삽질의 과정이었다. 아
주 기초적인 문제를 못 풀어서 밤을 새며 며칠씩 매달린 적도 있었다.

이런 과정을 통해 어떻게 개발하는지 깨우쳤다. 문법과 프레임워크를
배웠을 때보다 프로젝트를 하면서 훨씬 많이 배울 수 있었다.

▼ 그림 4-3 내 개발 공부의 학습 곡선

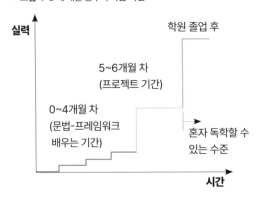

만약 여러분이 기본 문법을 떼고 프레임워크 기초까지 공부했다면 본인이 생각하는 '내가 구현할 수 있는 수준'보다 조금 더 높은 목표를 세워서 작은 프로젝트에 도전해 보라.

나는 팀 프로젝트를 하면서 2가지를 깨달았다.

하나는 '효율적인 구조 설계'의 필요성을 이해했다. 효율적인 구조란 흔히 말하는 '아키텍처architecture나 디자인 패턴design pattern'과 일맥 상통하는 내용이다. 쉽게 말하면, 앱을 만들 때 무작정 동작하는 앱을 만들 수도 있지만, 더 효율적인 구조로 누가 봐도 유지보수하기 쉽고 코드를 분석하기도 쉬워서 '구조적으로 잘 동작하는 앱'을 어떻게 설계하고 만들지에 관한 내용이다. 예를 들면, 클래스 하나에 모든 코드를 다 때려 넣는 것이 아니라 클래스를 논리적인 기준으로 쪼개서 효율적이고 분석하기 쉬운 코드 구조를 짜는 것이다.

물론 당시 나는 클래스를 왜 사용하는지(객체지향 프로그래밍이 왜 필요한지)도 몰랐기 때문에 효율적인 구조는커녕 어떻게든 코드 한 줄이라도 무작정 더 써 내려가려고 애썼다. 그랬는데도 앱을 만들다 보니 구조가 하나둘씩 보이기 시작했다. 여러 데이터를 묶어 하나의 의미 단위를 가지는 데이터 묶음을 만들기 위해 클래스를 사용한다는 것을 깨달았고, 직접 코드를 써 내려갈 줄은 몰라도 구글에서 검색해 다른 사람의 코드를 베껴서 용도에 맞게 변형하면 된다는 것을 알게 됐다. 그리고 이런 경험들이 모여 개발이 무엇인지, 개발이 어떻게 이루어지는지를 이해할 수 있었다.

다른 하나는 완벽하게 모든 이론을 알아야 프로젝트를 할 수 있다는 생각은 착각이라는 점이다. 이론에 집착해서 실수할까 봐, 비효율적인 코드를 짤까 봐 아무것도 만들려고 시도조차 하지 않은 패착을 저질렀다. 사실 잘 몰라도, 완벽하지 않아도 무언가 동작하는 코드를 만들어 낼 수 있다. 초반에는 이론에 집착하는 것보다 결과물을 무작정 만들어 보며 재미를 느끼는 것이 더 중요하다. 실수해도 괜찮다. 오히려 비효율적인 설계를 해 보는 것도 중요하다. 그런 결과물이라도 만들어 봐야 효율적인 설계가 어떤 것인지 깨달을 수 있다.

프로젝트에 도전하는 것을 주저하지 마라. 만약 학원에서 공부하던 시절로 돌아간다면 이론적인 내용을 익히려고 노력하는 것보다 간단한 앱이라도 무작정 만들어 보는 데 집중할 것이다. 지금 생각해 보면 그렇게 하지 못한 아쉬움이 크다.

1 처음 개발을 배우면 누구나 힘들고 어렵다. 그러나 그 과정을 조금만 지나면 한두 개씩 알아볼 수 있는 코드가 늘어난다. 따라서 절대 포기하지 말아야 한다.

2 프로그래밍 언어의 문법을 공부할 때는 기본 법칙이므로 최대한 많이 외워서 익숙해져야 한다. 생소한 내용이므로 초반에 절대적으로 많은 분량을 학습해야 한다.

3 프레임워크를 공부할 때는 이를 왜 사용하는지 그 목적을 이해하면 외울 필요는 없다. 코드는 언제든지 복사해서 사용할 수 있다. 다시 말해, 코드는 오픈 북 형태로 사용할 수 있다는 점을 명심한다.

4 아무 준비 없이 학원에 갈 경우 시행착오를 겪을 확률이 크다. 따라서 학원에 가기 전에 프로그래밍 언어의 문법과 프레임워크 기초 수준까지 예습하고 가면 좋다. 또 영문 타자 속도가 느리면 수업을 따라 가기 힘드니 영문 타자를 연습하고 가야 한다.

5 개발 실력은 프로젝트를 하면서 많이 올라간다. 공부 초반에는 이론에 집착하는 것보다 무작정 결과물을 만들어 보며 재미를 느끼는 것이 더 중요하다.

개발자가
되고 싶습니다

3부

개발자 취업을 위한 이력서, 포트폴리오, 면접 준비 방법

5 장

신입 개발자
취업 과정

신입으로
취업할 수 있는 수준

　어느 정도 실력이 되어야 신입 개발자로 취업할 수 있을까? 이 질문에 대한 완벽한 정답은 없다. 신입 개발자의 실력도 천차만별이다. 같은 신입 개발자라도 1~2년 차 이상의 실력을 가진 사람도 있고, 개발자로 취업하기에는 아직 모자란 사람도 있다.

　여기서는 평균적으로 신입 개발자 취업에 성공하는 최소한의 기준에 대해 이야기해 보겠다.

회사가 신입 개발자에게 바라는 최소한의 수준

　일반적으로 회사가 신입 개발자에게 바라는 최소한의 수준은 '클라이언트(웹, 앱)와 서버 간에 데이터를 주고받는 내용이 포함된 프로젝트를 해본 적이 있는가'다. 즉 회사는 네트워크 통신을 활용한 프로젝트 경험 여부를 본다.

　왜 네트워크 통신이 중요할까? 실무에서는 클라이언트(프론트엔드)와 서버(백엔드) 간에 데이터를 주고받는 일을 빼놓고 그 어떤 프로젝트도 완성할 수 없다. 아무리 단순한 홈페이지라도 해당 인터넷 주소에 접속하면

서버에 데이터를 요청하고 응답받는 과정을 거친다. 어떤 서비스도 예외일 수 없다.

한 쇼핑몰이 있다고 가정해 보자. 제품마다 품목명, 사진, 상세 옵션, 재고 수량 등이 있을 것이다. 서버는 이러한 정보를 데이터베이스에 가지고 있다가 클라이언트가 "A 제품의 상세 정보를 보여 줘."라고 요청하면 적절한 데이터를 찾아 응답한다. 클라이언트는 서버의 응답을 받아 처리한 후 웹 페이지(또는 앱)에 표시한다. 또 사용자가 A 제품을 주문하면 주문 품목명, 개수, 주소, 연락처 등의 정보를 받아 서버에 전달하고, 서버는 또다시 내부 로직을 거쳐 결과를 클라이언트에 응답한다. 이렇게 클라이언트와 서버 처리가 원활하게 이루어져야 쇼핑몰이 제대로 동작한다.

물론 이런 구현이 말로 표현했을 때는 간단하게 보일 수 있다. 하지만 서버와 클라이언트 간에 데이터를 주고받는 프로그램을 만드는 일은 개발을 처음 하는 사람에겐 높은 진입 장벽이다.

웹 개발이든, 앱 개발이든 프론트엔드 개발자는 ❶ 서버에 적절한 요청 보내기 ❷ 서버가 응답한 데이터를 제대로 받고 있는지 확인하기 ❸ 받은 데이터를 변환해서 화면에 적절하게 표시하기 등 일련의 과정을 구현해야 하는데, 초심자에겐 만만치 않다.

왜 그럴까? 프론트엔드 개발을 위한 프로그래밍 언어도 이해해야 하고, 이를 바탕으로 인터넷 세계의 약속을 코드로 구현해 응용할 줄도 알아야 하기 때문이다. 여기서 인터넷 세계의 약속이란, 서로 다른 컴퓨터 간에 데이터를 주고받기 위해 약속한 체계인 HTTP 프로토콜을 말한다.

이러한 상황은 백엔드 개발자라고 하더라도 별반 다르지 않다. 프론트엔드에서 요청한 내용을 적절하게 처리하려면 백엔드 개발에 사용하는 프로그래밍 언어와 인터넷 통신의 주요 과정을 알아야 한다. 기업은 적어도 이런 프로젝트 경험이 있는 사람을 원한다.

신입 개발자 채용 공고를 자주 확인하자

개발자 채용 공고를 보면 어떤 회사든 '자격 요건'이 있다. 지금 당장 지원하지 않더라도 내가 가고 싶은 회사에서 원하는 기술에는 어떤 것들이 있는지 구체적으로 확인해 보길 바란다. 자격 요건은 회사가 사용하는 기술인 동시에 회사가 자사 기술 중에서 중요하게 생각하는 부분이다.

물론 자격 요건이라고 해서 반드시 해당 기술을 '완벽하게 잘' 알고 있어야 하는 것은 아니다. 회사가 원하는 기술 5개 중에 4개 또는 3개만 잘 알아도 나머지 부족한 기술은 다른 부분에서 본인의 장점을 통해 만회할 수 있다.

그리고 필수 항목과 우대 항목도 잘 구별해야 한다. 필수 항목은 반드시 구현할 줄 알아야 하는 것이고, 우대 항목은 말 그대로 구현할 줄 알면 우대를 받을 수 있는 항목이다. 때로는 우대 항목에 너무 많은 요구 사항들이 적혀 있어 주눅이 들 수도 있다. 하지만 필수 항목 위주로 자신의 수준을 객관적으로 판단했을 때 필수 항목에 대부분 만족한다면 지원할 자격이 충분하다. 우대 항목을 어설프게 알고 있는 것보다 필수 항목에 대한 기본기가 탄탄한 것이 훨씬 낫다.

채용 공고가 학습 가이드라인이 되기도 하니 해당 기술들을 잘 참고해 다음에 무엇을 공부할지 목표를 세우는 데 활용하기 바란다.

그래도 감이 안 오면? 일단 지원해 보자

나는 취업 준비생을 많이 봐 왔고 그들이 실제 취업에 성공하는 것도 옆에서 지켜봤다. 그들이 공통적으로 두려워하는 것이 무엇인지도 잘 알고 있다. 바로 본인의 실력이 부족하다고 생각해 실제 채용 과정에 뛰어들지 않고 계속 공부만 하려고 한다는 점이다.

하지만 공부만 한다고 해서 취업이 될 리 없다. 최소한 관심 있는 회사나 그에 준하는 회사에 서류를 넣어 봐야 하고 그 과정에서 탈락도 경험해 봐야 한다. 운이 좋게 서류에 통과했다면 면접도 경험해 봐야 한다. 그래야 본인의 실력을 객관적인 잣대로 판단하고 제대로 판가름해 볼 수 있다.

면접 과정에서 본인의 부족한 점을 깨닫는다면 그런 부분들을 좀 더 채워서 다음 면접을 보면 된다. 그러면 대부분은 면접을 더 잘 볼 수 있게 된다. 면접을 보다 보면 면접 문제가 회사마다 크게 차이 나지 않는다는 점도 알게 된다. 그래서 경험이 필요하다. 한두 번 면접을 경험해 보면 그 이후부터는 훨씬 더 무덤덤하게 본인의 실력을 뽐낼 수 있다.

또한, 채용 과정에서 단 한 번이라도 합격해 본 사람은 그 이후 2번, 3번 쉽게 합격한다. 다시 말하지만 처음이 어려울 뿐이다. 탈락을 두려워해서는 안 된다. 탈락도 경험이고 이런 경험을 많이 해 봐야 다음에 합격할 확률이 높아진다. 어느 정도 준비됐다면 무작정 도전해 보자.

개발자 채용 정보 사이트

개발자 채용 공고는 일반적으로 모든 구직자가 이용하는 잡코리아 JobKorea, 사람인Saramin 같은 사이트에서도 확인할 수 있지만 개발자 채용과 구직에 특화돼 있는 사이트를 활용할 수도 있다. 개발자 일자리에 특화된 검색 기능이 있기 때문에 검색하기도 쉽고 여러 회사의 조건을 비교해 보기도 편하다.

개발자 구인구직에 최적화된 사이트

원티드

최근 몇 년 동안 급격하게 성장한 사이트다. 최근에 잘 나가는 IT 스타트업의 채용 공고는 대부분 이곳에 올라오므로 잘 확인해 보기 바란다. 근무환경이 좋은 회사인지, 연봉이 높은 회사인지, 기타 다른 부분에 특화된 회사인지 등을 테마별 검색 기능으로 확인할 수 있다.

- **원티드**: wanted.co.kr

점핏

국내 구인구직 플랫폼 중 가장 규모가 큰 사람인Saramin에서 만든 개발자 전용 구인구직 플랫폼이다. 회사가 원하는 기술, 즉 자격 요건을 확인하기 편하며, 다른 기업들의 유사 포지션도 추천해 주는 기능이 있어 원하는 일자리를 검색하기 좋다.

- **점핏**: jumpit.co.kr

랠릿

개발 관련 강의 사이트 중 국내에서 규모가 가장 큰 인프런이 만든 개발자 전용 구인구직 플랫폼이다. 개발자 구인구직에 특화돼 있어 일자리 카테고리가 잘 갖춰져 있고, 검색이 편하다. 또한 비슷한 채용 공고를 추천해 주는 기능이 있어 원하는 일자리를 검색하기 수월하다.

- **랠릿**: rallit.com

프로그래머스

프로그래머스는 국내에서 가장 유명한 코딩 테스트 플랫폼이다. 개발자 취업 준비를 위해 코딩 테스트 문제를 풀기도 하고 코딩 테스트 관련 강의도 수강할 수 있다. 취업을 준비하는 예비 개발자들이 모여 있는 곳이다 보니 개발자 채용 관련 섹션도 있다. 여기에도 채용 공고가 많이 올라오니 잘 활용해 보길 바란다.

- **프로그래머스**: programmers.co.kr

스타트업 채용에 특화된 사이트

로켓펀치

이제 막 창업해 미래가 촉망되는 스타트업에서 일하길 원하는 경우 로켓펀치를 이용하면 된다. 로켓펀치는 스타트업 정보를 공유하고 인맥을 연결하는 플랫폼으로, 스타트업 채용 섹션에 개발자 구인구직 정보가 활발하게 올라온다.

소규모 스타트업에 지원하는 것은 장단점이 아주 명확한 일이다. 평생 개발자로서 커리어를 발전시키는 것에 관심이 있다면 스타트업에서 일하는 것을 권하지는 않는다. 아무래도 적은 인원이 일하고, 체계가 잡혀 있지 않을 가능성이 크다. 사수가 없는 경우도 많다. 그래서 개발자로서 체계적인 과정을 밟으며 성장하지 못할 수도 있다.

그렇다고 해서 단점만 있는 것은 아니다. 소규모 인원이다 보니 가족 같은 분위기에서 일할 수 있는 경우도 있고, 신입이라 하더라도 많은 부분에 권한이 있는 경우도 있다. 사수 없이도 개발과 관련해 스스로 문제를 해결하는 것을 즐긴다면 스타트업도 괜찮은 대안이 될 수 있다. 또 향후 개발자로서 커리어보다는 개발 지식을 활용해서 사업하는 것을 고려하고 있다면 사업을 간접적으로 경험해 볼 수 있는 좋은 기회가 될 것이다.

그 외에 정말 드물긴 하지만, 정말 마음에 들고 향후 몇 년 안에 급격하게 성장할 것 같은 서비스의 초기 멤버로 합류해 회사와 같이 성장하면서 성취감을 느낄 수도 있다. 토스(비바리퍼블리카), 하이퍼커넥트, 지그재그, 오늘의집과 같이 요즘 대세로 떠오르는 서비스도 몇 년 전만 해도 작은 스타트업이었다는 것을 명심하자. 드물지만 이런 회사의 초기 멤버들은 스톡 옵션을 받아 몇십 억을 번 경우도 있다.

- **로켓펀치**: rocketpunch.com

개발자 취업 과정

개발자 채용 단계

실제 개발자 취업 과정은 어떨까? 세부 과정은 회사마다 조금씩 차이가 있지만, 일반적으로 서류 – 테스트(코딩 테스트/과제 테스트) – 면접 단계를 거친다.

▼ **그림 5-1** 개발자 채용 단계

첫 번째 서류 단계에서는 이력서와 포트폴리오를 제출한다. 이력서에는 교육 사항, 경력 사항, 자격증 및 그 외 신상과 관련한 정보들이 들어가고, 포트폴리오에는 본인이 직접 구현한 프로젝트가 포함된다. 이력서와 포트폴리오를 어떻게 작성해야 하는지는 6장에서 자세하게 설명한다.

이력서와 포트폴리오를 제출해 서류에 합격하면 테스트를 본다. 테스트는 코딩 테스트와 과제 테스트가 있다. 회사에 따라 둘 다 보거나 하나만 보는 경우도 있고, 둘 다 보지 않는 않는 경우도 있는데, 최근 트렌드는 코딩 테스트를 많이 보는 추세다. 코딩 테스트는 2~3시간을 주고 몇 개의 알고리즘 문제를 푸는 형식으로 진행된다. 그리고 회사에 따라 코딩 테스트 대신 3~4일의 시간과 간단한 문제를 주며 직접 설계와 개발까지 해오라는 과제 테스트를 내기도 한다. 예를 들어, 프론트엔드 개발자에게 몇가지 요구 사항, 즉 제약 사항을 주고 '홈페이지의 첫 화면을 3일 안에 구현해 보라' 같은 문제를 주는 것이다. 그러면 지원자는 정해진 기간 동안 직접 과제 내용을 구현한 후 회사가 원하는 방식으로 제출하면 된다.

코딩 테스트나 과제 테스트를 잘 통과했다면 면접 단계로 넘어간다. 물론 소규모 스타트업이나 작은 회사는 테스트 없이, 서류에서 제출한 포트폴리오가 괜찮고 본인들이 원하는 인재상과 가깝다고 생각하면 바로 면접을 진행하기도 한다.

면접은 보통 2차로 진행된다. 1차는 기술 면접, 2차는 인성 면접이다. 기술 면접에서는 같이 일하게 될 팀장이나 실무자가 면접관으로 들어와 지원 분야 또는 실무와 관련한 질문을 하고 답변을 통해 지원자의 실력을 확인한다. 기술 면접을 통과하면 2차로 회사 대표나 임원들이 면접관으로 들어와 지원자의 기본자세나 태도 등을 확인하는 인성 면접을 본다. 면접 준비 방법은 7장에서 자세히 다룬다.

입사 지원 팁

경력직 공고에 상향 지원해도 괜찮다

입사 지원 시 반드시 신입 개발자 채용에만 넣을 필요는 없다. 아직 현업을 경험해 본 적이 없는 신입 개발자라고 하더라도 1~3년 차 수준의 경력직 공고에 서류를 넣어 보자. 대부분 기업에서는 1~3년 차 수준 경력직을 뽑는다고 공고를 냈더라도 실력이 좋은 신입 지원자의 서류가 들어오면 무시하지 않는다. 관심 있게 지켜보고 지원자가 꽤 괜찮아 보인다고 생각하면 일단 면접을 보게 하거나 과제 테스트를 치르게 한 다음 판단하기도 한다.

또는 1~3년 차 경력직을 뽑고 싶지만 지원자가 없어서 공고를 내리지 못하는 기업도 있다. 실제로 이런 기업에 지원해서 면접을 보거나 합격하는 사례를 많이 보았다. 지원자 입장에서는 어차피 합격하지 못할 수 있다는 것을 가정하고 상향 지원하는 것이므로 서류를 넣는다고 해도 잃을 것이 없다. 그러므로 지원해 보고 도전해 보자.

공고가 없어도 이력서를 내 보자

꼭 들어가고 싶은 회사가 있다면 채용 공고가 없어도 무작정 지원해 보자. TO가 없다면 인턴으로 일할 기회를 달라고 메일을 보내 보자.

무모할 수 있지만 이렇게 해서 인턴으로 일할 기회를 얻은 사람도 많고, 또 일을 잘해서 정직원으로 전환된 경우도 많다. 본인이 관심 있는 회사라면 한번 도전해 보자.

물론 아무런 연락이 오지 않을 수 있다. 어쩌면 당연한 일이다. 그래도 달라질 것은 없다. 모든 일에 수동적인 태도보다는 안 돼도 그냥 한번 해 보자는 마음으로 임하자. 나중에 신입 자리가 생겼을 때 여러분에게 가장 먼저 연락이 갈 수도 있다.

알고리즘,
공부해야 할까

앞에서 말했듯이 최근 신입 개발자 선발 과정에 코딩 테스트가 도입되는 추세다. 모든 기업이 다 그런 것은 아니지만 '네카라쿠배' 같은 IT 대기업, 유니콘 스타트업, 그 이하의 중견기업에서도 필수로 코딩 테스트를 치르고 있다.

기업이 코딩 테스트를 보는 이유

어떤 문제를 해결하기 위한 절차나 방법을 알고리즘algorithm이라고 한다. 코딩 테스트를 조금 쉽게 이야기하면, 코딩으로 수학 문제를 푸는 것이라고 생각하면 된다. 그러면 코딩으로 수학 문제를 푸는 것이 왜 중요할까? 왜 이런 코딩 테스트가 늘어나는 추세일까?

여러 이유가 있지만 가장 먼저 생각해 볼 수 있는 이유는 코딩 테스트가 1차 필터 역할을 하기 때문이다. 사람을 뽑는 기업 입장에서는 지원자가 워낙 많기 때문에 소수 인원을 선별해 면접에 올리기 위해 코딩 테스트를 진행한다.

또 다른 이유로 지원자의 컴퓨터 공학 전공 지식을 확인하려는 의도도 있다. 많은 기업이 채용 조건으로 전공을 크게 보지 않기 때문에 코딩 테스트를 통해 지원자가 최소한의 전공 지식을 갖췄는지 확인한다.

앞에서 쉬운 이해를 위해 코딩 테스트를 단순히 코딩으로 수학 문제를 푸는 것이라고 했지만 사실은 '자료구조'와 '알고리즘'이라는 컴퓨터 공학 전공 지식을 기반으로 하고 있다. 오래전부터 많은 컴퓨터 과학자가 실생활 문제를 푸는 방법과 문제를 해결하는 접근 방식에 대해 연구했고 그 해결 방법을 제시했다. 예를 들어 내비게이션은 이미 많은 수학자와 컴퓨터 과학자가 길을 찾아가는 경로에 대해 최소의 시간으로 접근할 때와 최적의 경로로 접근할 때 어떻게 찾아갈 것인지 해결하는 방법을 제시했다. 자료구조와 알고리즘은 이런 이론적인 내용을 학습하는 과목이다.

그래서 자료구조와 알고리즘의 이론적인 내용을 공부하면 앞으로 어떤 문제를 접했을 때 문제를 바라보는 시각, 즉 관점을 훨씬 넓힐 수 있다. 어떤 문제를 접했을 때 나무를 볼 것인지 숲을 볼 것인지에 대해 또 다른 차원에서 생각할 수 있는 힘이 생기기 때문에 코딩 테스트가 늘어나고 있다.

빨리 취업하는 것이 목적이라면 건너뛰자

나는 빨리 취업하는 것이 목적이라면 코딩 테스트를 준비하지 말라고 권하는 편이다. 비전공자라면 특히 더 그렇다. 여기에는 여러 이유가 있는데, 첫 번째로 비전공자가 알고리즘을 공부하면 코딩에 흥미를 잃을 가능성이 크기 때문이다. 아직 코딩에도 익숙하지 않은데 코딩으로 수학 문제를 풀려면 수학에 소질이 있는가를 고민할 수밖에 없다. 그러면 자연스럽게 코딩이 적성이 아닌가를 고민하게 될 가능성도 커진다.

그런데 실무에서 홈페이지를 만들거나 앱을 만들 때 알고리즘 지식은 필요 없다. 따라서 지금 당장 공부할 필요가 없다. 코딩을 통해 웹 사이트나 앱 같은 결과물을 만들고 거기서 성취감과 재미를 느끼는 것이 훨씬 더 중요하고, 이론 공부보다 선행돼야 한다. 재미를 느끼면 알고리즘은 최소한의 지식만 알아도 된다. 그것만 가지고도 개발자로 평생 먹고사는 데 문제없기 때문에 지금 당장 알 필요는 없다.

두 번째 이유는 코딩 테스트를 준비하게 되면 취업이 최소 3~6개월 늦어질 수 있기 때문이다. 코딩에 재미를 느끼고 최대한 빨리 취업하는 것이 너무 스트레스 받지 않으며 개발자로서 미래를 설계하는 데 훨씬 빠른 길이다.

코딩 테스트를 치르지 않고도 취업할 수 있는 기업은 많다. 앞에서 이야기했지만 상위 10~15% 정도의 회사만 코딩 테스트를 치르고 있기 때문에 비전공자가 처음부터 이러한 상위권 회사를 목표로 잡을 필요도 없다. 만들어 낸 결과물과 코딩 자체에 재미를 느끼고 최대한 빨리 취업해서 경력을 쌓으면 된다.

현직 개발자가 된 후에 공부해도 충분하다

알고리즘 공부는 신입 개발자로 경력을 쌓으면서 준비해도 충분하다. 일단 취업한 상태에서는 취업 준비에 대한 부담을 느끼지 않고 공부할 수 있다. 또 코딩 자체에 자신감이 생긴 상태이기 때문에 학습 능률도 높다.

따라서 1~3년 차 신입 시절에 알고리즘을 공부하고, 나중에 경력직으로서 이직을 준비할 때 코딩 테스트를 치르는 네카라쿠배 같은 회사에 도전하는 것도 좋은 전략이 될 수 있다. 주변 비전공 개발자 중에는 이러한 과정으로 네카라쿠배에 취업한 사례가 몇 있다.

최근 경력직 채용에도 코딩 테스트를 치르는 기업이 늘고 있다. 신입 개발자에게 기본적인 자료구조와 알고리즘 지식을 테스트하기 위해 코딩 테스트를 치르듯이 경력직 개발자에게도 기본적인 알고리즘 지식을 테스트하는 추세다.

다만 신입 개발자를 뽑을 때와 다른 점이 있다. 경력직 코딩 테스트는 오히려 신입 코딩 테스트보다 난이도가 낮은 편이다. 이미 해당 개발 분야에 대한 지식을 갖췄다는 전제 하에 코딩 테스트를 치르기 때문에 자료구조와 알고리즘 기본 지식에 대해 단순히 확인하려는 목적이 크다. 또 코딩 테스트를 잘 못 보더라도, 기존 회사에서 구현한 프로젝트에 대해 전문성을 인정해 주기 때문에 단순 절차상으로 코딩 테스트를 치르는 경우가 많으니 굳이 겁먹을 필요는 없다.

알고리즘 공부 방법

물론 앞에서 코딩 테스트를 준비하지 않는 편이 낫다고 권했지만, 시간 대비 효율의 관점에서 빠른 시간 안에 취업하는 것이 낫기 때문일 뿐이다. 6개월~1년 이내에 취업하는 것이 목표가 아니라면, 아직 학생이거나 취업까지 시간 여유가 있다면 당연히 코딩 테스트를 준비하는 편이 좋다.

그렇다면 코딩 테스트를 위해 가장 효율적인 알고리즘 공부 방법은 무엇일까? 얼마나 공부해야 코딩 테스트를 통과할 수 있는 정도의 실력이 될까?

방법 1: 이론 공부하기

코딩 테스트를 치르려면 이론적인 내용을 알고 있어야 한다. 다시 말해, 기본적인 자료구조와 알고리즘 이론을 학습한 후 코딩으로 구현하는 방법을 익혀야만 문제를 풀 수 있다. 알고리즘 이론을 모르면 문제에 아예 손도 대지 못하는 경우가 많다.

알고리즘 이론은 인프런, 유데미, 프로그래머스 등에서 공부할 수 있다. 나 역시 무작정 알고리즘 문제를 푸는 것보다 관련 이론을 먼저 학습하고 이를 고려하면서 문제를 풀었더니 더 빠른 시간 안에 해결할 수 있었다. 알고리즘을 정복하고 싶다면 이론적 토대가 튼튼해야 한다. 모든 문제는 자료구조와 알고리즘의 특정 이론으로 접근해야만 풀 수 있도록 설계돼 있다.

방법 2: 꾸준하게 문제 풀기

알고리즘 문제는 보통 유형이 정해져 있다. 보통 50여 가지 패턴만 잘 외우고 있어도 웬만한 코딩 테스트를 통과할 수 있다. 그래서 관련 이론을 학습하고 문제 풀기에 도전하면 1~2개월 만에 충분히 코딩 테스트 준비를 끝낼 수 있다.

코딩 테스트 문제를 풀어 볼 수 있는 사이트는 국내외에 많이 있다. 그 중에서 가장 유명한 사이트는 다음 두 곳이다.

- **프로그래머스**: programmers.co.kr
- **백준**: acmicpc.net

두 사이트에서 문제를 풀어 보면 충분하다. 코딩 테스트를 준비하는 취업 준비생이 많이 이용하는 사이트이므로 각 사이트에서 측정한 레벨을 다른 사람들과 비교해 볼 수 있고, 많은 문제가 유형별로 잘 정리돼 있다.

특히 프로그래머스는 코딩 테스트 시험을 대행하기도 한다. 국내 많은 IT 기업이 직접 문제를 출제하기보다 프로그래머스에 의뢰해 시험을 치르는 경우가 많다. 따라서 실제 시험에서 프로그래머스의 코딩 테스트와 유사한 유형의 문제들이 많이 출제된다.

어느 정도 이론을 공부했다면 그때부터 감을 유지하기 위해 하루에 1~2문제씩만 꾸준하게 풀면 된다. 네카라쿠배 공채에서 코딩 테스트에 합격한 사람들의 후기를 들어 보면 보통 프로그래머스 레벨 3 정도 수준까지 풀 수 있으면 충분하다고 한다. 카카오 공채는 레벨 4 정도 수준의 문제가 출제되기도 한다. 하지만 모든 문제를 다 맞혀야 코딩 테스트에 합격하는 것은 아니니 시간 대비 공부 효율도 항상 고려해야 한다.

방법 3: 스터디하기

비슷한 수준에서 코딩 테스트를 같이 준비할 스터디 모임을 구하는 것도 좋다. OKKY와 같은 개발자 커뮤니티도 있고, 카카오톡 오픈 채팅방에서 '프론트엔드', '자바스크립트', '자바', '코딩 테스트' 등의 키워드로 검색해도 된다. 같은 분야에서 개발자로 취업을 준비하고, 코딩 테스트를 준비하는 스터디 모임을 찾을 수 있다. 매일 정해진 개수의 문제를 같이 풀고 풀이법도 공유하면 꾸준히 감을 유지하는 데 도움이 된다.

방법 4: 다른 사람의 노하우 찾아보기

코딩 테스트를 준비하기 전에 유튜브에서 '코딩 테스트 준비하는 방법'으로 검색해 보자. 카카오 코딩 테스트 등 꽤 높은 난도의 코딩 테스트를 1~2개월 안에 효율적으로 준비해 통과한 사람들의 후기가 영상으로 많이 공개돼 있다. 어떻게 공부하면 좋은지, 어떤 문제를 푸는 것이 좋은지 등 여러 노하우를 찾을 수 있다. 코딩 테스트는 최대한 단기간에 끝내는 것이 좋으므로 다른 사람의 합격 노하우를 확인한 후 비슷한 방법으로 도전하자.

언어 선택 시 주의 사항

코딩 테스트는 여러 언어로 치를 수 있다. 프론트엔드 개발자를 지망하고 주로 사용하는 언어가 자바스크립트라고 하더라도, 파이썬이나 자바 등의 언어로 시험을 볼 수도 있다. 코딩 테스트 시 언어 선택은 자유로운 편이다.

다만, 지원 분야 이외의 언어로 시험을 치르는 것은 추천하지 않는다. 대표적으로 파이썬은 구현이 쉬운 편이고 알고리즘 구현에 특화된 기능이 많아 공부하기도 수월하고 문제를 풀기도 쉽다. 그래서 자신의 주 언어가 파이썬이 아닌데도 코딩 테스트를 볼 때 파이썬으로 응시하는 지원자가 꽤 많다.

하지만 본인의 분야를 벗어난 언어로 코딩 테스트를 치르면 면접관 입장에서는 '신입 지원자가 자신의 주 언어에 익숙하지 않은 건가?'라는 의문을 가질 수 있다. 그래서 면접 시에 "○○ 지원자 님은 왜 코딩 테스트를 다른 언어로 치르셨나요?"라는 질문을 받게 될 가능성이 크다. 그러면 지원자 입장에서도 명쾌하게 답변하기가 곤란하다. 그리고 잘 답했더라도 면접관 입장에서는 자신의 주 개발 분야에 대한 언어적 지식이 부족한 것이 아닌지 의문을 머릿속에서 지울 수 없다.

따라서 웬만한 경우가 아니라면 지원 분야와 관련한 주 언어를 사용해서 코딩 테스트를 치르길 권한다. 예를 들어 iOS 개발자라면 자료구조와 알고리즘 이론은 파이썬으로 공부하더라도 실제 문제를 풀 때만큼은 스위프트 언어로 풀이하도록 연습하자. 파이썬에 비해 풀이가 어려운 부분이 있을 수 있지만, 분명 어려운 부분들을 하나씩 해결하고 구현해 가면서 언어의 차이점도 파악하고, 주 언어에 대한 이해도가 더 높아질 것이다.

다시 한번 강조하지만

노파심에 다시 한번 말하지만 취업하려는 분야에서 프로젝트를 하고 결과물을 만들어 낼 수 있는 수준으로 재미를 붙이는 것과 해당 분야에 대해 체계적으로 학습하는 것이 코딩 테스트보다 훨씬 더 중요하다. 실제 기업 입장에서도 신입 개발자를 선발할 때 해당 분야에 대한 기본기와 실력을 더 중요하게 생각하고, 코딩 테스트는 단지 입사 절차로만 여긴다.

코딩 테스트는 단기간의 문제고, 실무에서 결과물을 만들어 내는 것은 진짜 개발자로서 먹고살기 위한 중차대한 문제다. 따라서 코딩 테스트를 준비한다면 효율적으로 접근하는 것이 좋다. 코딩 테스트를 준비하는 데 너무 많은 시간을 투입하는 과오와 집착은 하지 않길 바란다.

1   회사가 신입 개발자에게 바라는 최소한의 수준은 '클라이언트(웹, 앱)와 서버 간에 데이터를 주고받는 내용이 포함된 프로젝트를 해 본 적이 있는가'다.

2   채용 공고의 필수 항목은 반드시 만족해야 한다. 하지만 우대 항목이나 자격 요건은 모두 충족해야 하는 것은 아니다. 회사가 원하는 기술 중 일부만 알고 있더라도 부족한 부분은 다른 장점을 통해 만회할 수 있다.

3   불합격을 두려워하지 마라. 탈락도 경험이다. 일단 지원해 보며 자신의 부족한 부분을 점검해야 한다. 이런 경험을 많이 해 봐야 다음에 합격할 확률이 높아진다.

4   개발자 채용 정보 사이트에는 개발자 구인구직에 최적화된 사이트(원티드, 점핏, 랠릿, 프로그래머스)와 스타트업 채용에 특화된 사이트(로켓펀치)가 있다.

5   개발자 채용은 일반적으로 서류 – 테스트(코딩 테스트/과제 테스트) – 면접 단계를 거친다. 빨리 취업하는 것이 목적이라면 코딩 테스트는 건너뛰고 코딩 테스트를 치르지 않는 회사에 먼저 도전하는 것도

좋은 전략이다.

6   코딩 테스트를 준비할 때는 이론 공부, 꾸준한 문제 풀이, 스터디 모임, 다른 사람의 노하우 익히기 등의 방법으로 공부한다.

6장

이력서와
포트폴리오 작성 방법

작성 방법에 따른
제출 방법

나는 스타트업을 창업한 경험이 2번 있다. 그 과정에서 수백 건의 개발자 이력서와 포트폴리오를 검토했다. 그리고 개발자 취업 강의와 부트캠프를 운영하면서 수백 건 이상에 달하는 신입/경력 개발자 이력서와 포트폴리오를 피드백했다. 그래서 누구보다 서류 합격률이 높아지는 방법과 사례를 많이 알고 있다. 이 장에서는 이런 경험을 바탕으로 회사가 신입 개발자에게 바라는 이력서와 포트폴리오란 어떤 것이고, 어떻게 하면 잘 쓸 수 있는지 이야기해 보겠다.

먼저 이력서와 포트폴리오 제출 방법을 알아보자. 개발자 이력서와 포트폴리오는 다음과 같이 2가지 방법으로 만들어 제출한다.

1. 노션 이력서나 웹 이력서와 같이 웹 페이지로 작성 → 링크로 제출
2. 한글이나 워드처럼 문서 작성 프로그램으로 작성 → PDF 파일로 제출

두 번째 방법은 반드시 PDF 파일로 제출해야 한다. 한글이나 워드 문서는 버전에 따라 깨질 수도 있고 어떤 문서인지에 따라 특정 회사에서 열람하지 못할 수도 있다. 따라서 꼭 PDF로 변환해 제출해야 한다.

이력서 작성 방법

이력서에 들어갈 내용

개발자 이력서에는 프로필, 자기소개, 기술 스택 등이 들어간다.

1. **프로필**: 이름, 이메일, 연락처, 각종 링크(블로그, 깃허브, 링크드인 등)

2. **자기소개**: 자신의 성향, 관심사, 장단점 등

3. **기술 스택**: 본인이 다룰 수 있는 또는 다뤄 본 기술 리스트

 **기술 스택**

웹이나 앱 서비스를 만들기 위해 사용하는 운영체제, 프로그래밍 언어, 프레임워크, 데이터베이스 등의 기술 집합을 말한다. 개발자 개인으로 보면 해당 인력이 다룰 수 있는 기술 리스트를 뜻한다.

이 중에서 기술 스택은 매우 중요하다. 회사는 지원자가 다룰 수 있는 기술과 해당 기술을 어느 정도 수준까지 다룰 수 있는지를 가장 먼저 확인한다. 회사에 입사했을 때 어느 정도까지 일할 수 있고 팀 업무에 어느 정

도 기여할 수 있을지 객관적으로 판단하기 위해서다.

때로는 지원자의 기술 스택이 회사에서 원하는 기술 스택과 꼭 맞지 않을 수 있다. 그렇더라도 기술 스택은 중요하다. 지원자가 어느 정도 비슷한 기술들을 알고 있다면 새로운 기술을 배운다고 가정했을 때 얼마나 빠른 시간 안에 배울지 가늠해 볼 수 있기 때문이다. 따라서 기술 스택을 작성할 때는 최대한 구체적으로 작성해야 한다.

구체적인 사례를 통해 기술 스택 작성 방법을 알아보자.

기술 스택 작성 방법

흔히 기술 스택을 작성할 때 다음과 같은 실수를 많이 한다.

나쁜 예 1 - 단순 나열

> **사용 가능 기술 스택**
>
> Java, Spring, Spring Boot, Mybatis

나쁜 예 2 - 구체적이지 않은 묘사

> **사용 가능 기술 스택**
>
> Java
> - 언어의 특성을 이해하고, 간단한 웹 애플리케이션 제작이 가능합니다.
>
> Spring
> - 간단한 웹 사이트 제작이 가능하고, 프레임워크의 특성을 이해하고 있습니다.

두 예시 모두 단순하게 본인이 어떤 기술을 쓸 수 있는지만 나열하고 구체적으로 어떤 수준까지 사용할 수 있는지 명시하지 않았다.

신입 개발자 포트폴리오를 보면 공통적으로 이런 실수를 많이 저지른다. 구체적이지 않은 정보로는 회사가 어떤 판단도 명확하게 내리지 못한다.

앞의 예를 개선하면 다음과 같다.

수정/보완한 예 - 자세하게 기술

사용 가능 기술 스택

Java
- 언어의 특성을 이해하고, '객체지향 프로그래밍' 관점에서 클래스를 설계하는 방법을 알고 있습니다(상속, 다형성, 추상화, 인터페이스를 다룰 수 있습니다).
- JVM의 메모리 구조를 이해하고 있습니다.
- 함수형 인터페이스와 람다의 사용법도 알고 있습니다.
- Java8의 기능인 Stream과 Optional의 사용법을 명확하게 알고 있습니다.
- JDK 기본 클래스의 구조를 명확하게 이해하고 사용할 수 있습니다.

디자인 패턴
- Builder, Factory, Singleton, Adapter 등 디자인 패턴에 대해 이해하고, 기본적인 내용을 학습했습니다.

Spring
- 스프링의 핵심 동작 원리를 이해하고 있습니다.
- 웹 개발의 MVC 구조를 이해하고 있습니다.
- 스프링 컨테이너와 스프링 빈을 이해하고 있습니다.
- 동시성 문제를 다뤄 본 경험이 있습니다.

본인이 다룰 수 있는 언어나 프레임워크에 대해 최대한 구체적으로 기술했다. 단순하게 해당 기술을 다뤄 봤다고 쓰기보다 구체적으로 어떤 기술을 어느 정도 수준까지 다뤄 봤는지 명시하면 회사가 지원자의 수준을 파악하고 명확하게 판단을 내리는 데 신뢰감을 줄 수 있다. 물론 더 자세하게 기술해도 좋다.

여기서 한 가지 덧붙여 주고 싶은 점이 있다. 가고 싶은 회사에서 원하는 기술 스택을 모두 다뤄 보지 않았다고 해서 신입 개발자로 뽑힐 가능성이 적다는 것은 절대 아니다. 신입 개발자가 모든 기술을 다뤄 봤을 리가 없다는 점을 회사도 잘 알고 있다. 회사에서 원하는 모든 기술을 다뤄 보지 않았더라도 신입 개발자가 다른 기술들을 얼마나 깊이 있게 공부했는지, 기본기가 탄탄한지, 발전 가능성이 있는지, 학습에 대한 열의가 있는지 등을 종합적으로 판단하니 기죽을 필요가 없다. 그동안 자신이 열의를 가지고 학습한 방향성을 믿고 자신의 장점을 어필하자.

포트폴리오 작성 방법

보통 이력서는 양식에 맞춰 작성하면 되는데, 포트폴리오는 어떻게 써야 하는지 몰라 어려워한다. 포트폴리오는 절대로 '나 이렇게 멋진 프로젝트를 완성했어요.', '나 이런 거 똑같이 따라 만들 수 있어요.' 등을 뽐내려고 쓰는 것이 아니다. 이 점을 명심해야 한다.

포트폴리오에 들어갈 내용

포트폴리오는 그동안 수행한 프로젝트를 모아 놓은 작품집이다. 포트폴리오에서 프로젝트를 소개할 때는 다음과 같은 요소를 넣어 통일성 있게 작성한다.

1. **프로젝트 목적**: 어떤 목적의 프로젝트인지 밝힌다.
2. **사용 기술**: 프로젝트에 어떤 기술을 사용했는지 밝힌다.
3. **결과 화면**: 프로젝트 내용을 직관적으로 알아볼 수 있도록 실제 구동 영상이나 캡처 화면 등을 넣는다.
4. **배운 점**: 프로젝트를 진행하는 과정에서 무엇을 배웠는지 작성한다(선택 사항).

5. **문제 해결**: 프로젝트를 완성하는 과정에서 부딪힌 문제를 어떻게 해결했는지 설명한다. 객체 설계 고민, API 고민, 효율적인 데이터 관리, 기술적인 구현 과제 등 문제와 해결 방법을 함께 작성한다. 필요한 경우 코드를 삽입하거나 캡처해서 첨부한다.

공동 프로젝트라면 다음 요소도 언급한다.

6. **협업 방법**: 구성원과 어떤 방법으로 어떻게 협업했는지, 예를 들면 깃허브, 엑셀 등 협업 툴을 사용한 경험이나 팀원 간 의견 충돌 시 해결 경험 등을 작성한다.
7. **담당 역할**: 본인이 어떤 부분을 구현했는지 구체적으로 작성하고 본인의 책임 범위를 밝힌다.

여기서 가장 중요한 부분은 5번 문제 해결을 서술하는 것이다. 어떤 프로젝트를 했는지가 중요한 것이 아니고 구현 과정에서 어떤 기술적인 문제점이 있었는데, 그것을 어떤 방식으로 해결했는지를 구체적으로 서술하면서 자신의 관점을 잘 담아내는 것이 중요하다. 이러한 과정을 통해 문제를 마주했을 때 해당 문제를 올바른 관점에서 분석하고 논리적인 사고를 통해 해결책을 찾아낼 수 있는 사람이라는 것을 어필해야 한다.

구체적인 사례로 문제 해결 작성 방법을 알아보자.

문제 해결 작성 방법

포트폴리오에 프로젝트를 넣는 이유는 무엇일까? 당연히 지원자의 수준과 실력이 어느 정도인지 구체적인 사례를 보려는 것이다. 따라서 단순히 프로젝트 내용을 서술하고 요약하는 것에서 끝나면 안 된다. 어떤 프로젝트를 구현했는지 서술하는 것은 지원자 누구나 다 하는 것이고, 여기에 추가적인 서사를 불어넣어야 한다. '나'라는 사람이 회사가 원하는 인재, 즉 '문제 해결 관점을 생각할 수 있는 개발자'라는 것을 어필해야 한다.

다시 말하자면 포트폴리오는 문제 해결 능력이 있는(정확하게는 문제를 파악하고 적절한 해결책을 제시할 수 있는) 신입 개발자라는 것을 보여 주는 수단이다.

그렇다면 프로젝트 내용을 기술할 때 나쁜 예를 살펴보고 어떻게 개선할 수 있을지 생각해 보자.

나쁜 예 - 단순 요약

> **프로젝트**: 넷플릭스 앱 클론하기
>
> **개요**:
>
> - 기존에 앱 스토어에 출시돼 있는 '넷플릭스' 앱을 기반으로 따라서 만듦
> - MVVM 디자인 패턴 사용
> - TDD(테스트 주도 개발) 도입: Unit 테스트, UI 테스트 구현
>
> **기간**: 2022. 7 ~ 2022. 8
>
> **사용 기술**: Swift, UIKit, MVVM, UnitTest, SnapKit, Kingfisher, Firebase

앞의 사례는 단순히 '이런 프로젝트'를 진행했다는 내용밖에 들어 있지 않다. 여기에 링크를 넣고 사진이나 동영상 캡처를 넣어도 마찬가지다. 지원자 입장에서 본인이 만든 프로젝트를 뿌듯해하거나 자부심을 가질 수 있지만, 뽑는 사람 입장에서 보면 지원자가 수행한 프로젝트 자체에 그렇게 큰 관심이 가지 않는다. 몇 만 명 이상의 사용자가 이용하는 서비스도 아니기 때문에 그저 간단한 실습 수준 프로젝트로 여길 뿐이다.

그렇다면 내가 경험한 프로젝트를 어떻게 어필할 수 있을까? 다음 예를 보면서 이야기해 보자.

프로젝트: 넷플릭스 앱 클론하기

개요:

- 기존에 앱 스토어에 출시돼 있는 '넷플릭스' 앱을 기반으로 따라서 만듦
- MVVM 디자인 패턴 사용
- TDD(테스트 주도 개발) 도입: Unit 테스트, UI 테스트 구현

기간: 2022. 7 ~ 2022. 8

사용 기술: Swift, UIKit, MVVM, UnitTest, SnapKit, Kingfisher, Firebase

문제 해결 및 구현 방법

1. MVVM 패턴 도입

[문제]

기존에 주로 사용하던 MVC 패턴에서 많은 로직이 ViewController에 포함되면서 Testable한 코드 구현을 하지 못하는 문제가 있음. 또한 ViewController가 비대해져 코드 가독성이 떨어지고 유지보수가 힘든 문제가 있음

[해결]

이러한 문제를 해결하기 위해 MVVM 패턴을 도입하는 것을 고려했음. View와 Controller를 하나의 Layer인 View로 보고, ViewModel을 도입해 View에서 표시하는 데이터들을 ViewModel이 소유할 수 있도록 따로 분리했음. 뷰는 데이터를 표시하는 역할만 하고, 데이터와 로직은 ViewModel이 가져서 로직과 뷰를 완전히 분리해 로직과 UI를 각자 따로 Test 가능한 코드로 구현할 수 있었음. 결과적으로도 Controller의 비대함을 막고, 유지보수 관점에서 훨씬 발전적인 코드가 됐음

2. ViewModel과 데이터 바인딩

[문제]

ViewModel에서 일어난 데이터 변화를 MVVM 패턴에서 어떻게 View에 전달할 수 있을까?(RxSwift를 도입하지 않고도, 데이터 전달이 가능한 클로저, 기타 객체 등 여러 방법을 고민)

[해결]

Boxer라는 Helper 객체를 만들어 RxSwift의 핵심적인 논리(Observable)는 이용하되, 최대한 간단한 방법으로 ViewModel에서 일어나는 데이터 변화를 전달할 수 있도록 구현했음. Boxer 객체에 데이터를 바인딩해 놓으면 자동으로 UI가 업데이트되므로 데이터와 뷰 변화에 대한 로직이 훨씬 간결해졌음

단순히 '어떤 프로젝트를 구현했다'는 것과 무엇이 다를까? 어떤 점이 다르게 느껴지는가?

프로젝트의 구현 내용은 신입 개발자 수준에서 크게 다르지 않을 수 있다. 그렇더라도 프로젝트에 서사를 불어넣을 수 있다. 어떤 프로젝트를 구현했는지 단순한 결과물만 보여 주는 것이 아니라 프로젝트를 구현하는 과정에서 맞닥뜨린 문제들을 서술할 수 있다. 그리고 문제들을 해결하기 위해 고민한 과정도 서술할 수 있다. 그러면 문제를 해결하고자 했던 방향성과 관점, 사고 과정까지 보여 줄 수 있다. 겉으로는 동일한 구현처럼 보여도 구현 과정에서 생각의 흐름이 어떠했는지 보여 줄 수 있게 된다.

예를 들어, 동일한 문제를 A, B 2가지로 구현할 수 있고, 각각 장단점이 있을 수 있다. 만약 B 방식을 선택했다면 결정하는 데 최우선으로 고려한 포인트가 있을 것이다. 또는 그렇게 선택함으로써 프로젝트에 미치는 영향 중에서 가장 중요하게 생각한 면이 있을 수 있다. 효율성이든, 재사용성이든, 유지보수의 관점이든, 협업의 관점이든 프로젝트 자체를 어필하기보다 내 생각과 문제 해결 관점을 어필할 수 있어야 한다.

그래서 문제 해결 과정을 반드시 프로젝트 내용에 포함해야 한다. 구체적으로 언급할수록 여러분의 포트폴리오는 읽는 사람에게 '신입이지만 개발하면서 이런 부분들을 고민했구나'라고 보여 줄 것이다.

개발은 결국 모든 것이 문제 해결이다. 개발자가 되면 늘 처음 구현해 보는 문제에 부딪히게 되고, 이 문제를 끊임없이 해결해 나가며 일하게 된다. 신입 개발자가 회사에서 하는 일도 마찬가지다. 그러므로 내가 '문제 해결 능력이 있는 개발자'라는 것을 증명하는 것이 중요하다.

포트폴리오 작성 팁

포트폴리오를 더 잘 쓰려면 프로젝트를 시작할 때부터 나중에 포트폴리오에 넣을 내용까지 고려해야 한다. 즉, 프로젝트를 진행하면서 그 과정을 구체적으로 기록해 둬야 한다. 어떤 고민과 어떤 관점으로 그런 해결책을 생각해 냈는지, 또 프로젝트 과정에서 무엇을 느끼고 배웠는지 적어 놓으면 좋다. 포트폴리오에 있는 프로젝트 내용은 면접 때 질문으로 이어지기도 한다. 그래서 그때그때 기록해 두지 않으면 포트폴리오를 쓸 때 구체적인 부분이 잘 기억나지 않는다.

그러면 실제 사례를 통해 잘 작성한 이력서와 포트폴리오는 어떻게 쓴 것인지 살펴보자.

이력서/포트폴리오 실제 사례

다음은 내가 운영하는 부트캠프에서 실제로 피드백해 준 이력서와 포트폴리오 사례다. 전체 내용은 QR 코드를 통해 확인할 수 있다.

사례 1: 신입 개발자, 노션으로 작성

상단에 사진과 프로필을 넣고, 자기소개, 기술 스택, 프로젝트, 교육 사항순으로 작성했다. 매일 같이 꾸준하게 공부함을 강조하기 위해 깃허브의 기록 히스토리를 첨부했다.

- **사례 1:** bit.ly/developer_portfolio_1
- **QR 코드:**

iOS 개발자 OOO 포트폴리오

👤 iOS Developer

Profile.

Birthday: OOO

Phone: OOO

Email: OOO

Blog: https://choijaegwon.github.io
https://blog.naver.com/chl9338

GitHub: https://github.com/choijaegwon

Introduce.

매일같이 꾸준한 개발자

기술 블로그를 운영하고 있습니다.
매일 공부하고, 블로그와 Git에 정리하여 기록합니다.

735 contributions in the last year   Contribution settings ▾

	Jan	Feb	Mar	Apr	May	Jun	Jul	Aug	Sep	Oct	Nov	Dec
Mon												
Wed												
Fri												

Learn how we count contributions   Less ▢▢▨▩■ More

다양한 경험을 중시하는 개발자

항상 다양한 경험을 하기 위해 노력하고,
필요하거나 만들고 싶은 서비스가 있으면 직접 만들어 보는 개발자입니다.
"두 번"의 앱 출시 경험이 있습니다.

 하나 더 알기 **깃허브 잔디 관리**

깃허브 잔디 관리란 매일 어떤 내용을 공부했다는 것을 깃허브 계정에 기록해 두는 것을
말한다. 공부한 내용을 잘 정리해 놓고 언제든지 다시 찾아보려는 학습 목적이 크지만, 이
자체로 꾸준히 공부했다는 증거가 되기도 한다. 이렇게 오늘 무엇을 공부했는지 꾸준히
기록하는 것을 TIL(Today I Learned)이라고도 한다. 깃허브 잔디는 해당 날짜에만 기
록할 수 있으므로 공부한 날짜를 정확히 증명할 수 있다. 기록한 날짜가 녹색으로 표시되
기 때문에 개발자 사이에서는 흔히 '잔디를 심는다'고도 표현한다.

사례 2: 신입 개발자, 노션으로 작성

팀 프로젝트로 만든 앱의 결과 화면을 넣고, 담당 역할, 진행 기간, 문제 해결 과정을 꼼꼼히 작성했다. 실제 앱 스토어에 출시한 다운로드 링크를 넣어 완성 앱을 바로 확인할 수도 있다.

- **사례 2**: bit.ly/developer_portfolio_2
- **QR 코드:**

▼ 그림 6-2 사례 2

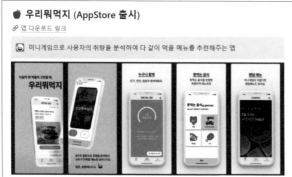

사례 3: 경력 개발자, 노션으로 작성

경력 개발자의 이직 포트폴리오다. 이전 회사에서 진행한 프로젝트 결과 화면과 함께 프로젝트 설명(개요), 담당 업무, 사용 기술, 마주한 문제와 배운 점을 정리했다.

- **사례 3**: bit.ly/developer_portfolio_3
- **QR 코드:**

▼ 그림 6-3 사례 3

- 프로젝트 설명
  - 독자가 웹사이트를 통해 구입한 교보문고의 eBook 컨텐츠를 읽을 수 있는 리더 앱
- 담당 업무
  - 교보문고 eBook의 추가 기능 개발(전체 화면 야간테마 추가, 다음 권 이어보기, 사용자 글꼴 추가 기능 등) 및 잔여 결함 수정(여러 권 다운로드시 UI가 전체적으로 깨지는 문제, 폰트 미 적용 문제, 이미지 해상도 문제 등), 기존에 관리되지 않던 레거시 코드 제거 및 코드 컨벤션 통일 작업 제안 및 수행
- 사용기술
  - Objective-C, RESTful API, Firebase Crashlytics
- 마주한 문제와 해결, 배운 점 정리
  - [iOS] 문서 파일 다루기
  - [iOS] 파일 다운로드 이어받기

사례 4: 신입 개발자, 웹 페이지로 작성

홈HOME, 자기소개About, 교육 사항과 경력 사항Education & Experience, 사용 기술Skill & Expertise, 프로젝트Project, 개인 활동Activity 메뉴로 구성한 웹 포트 폴리오다. 웹 포트폴리오는 프론트엔드 개발자일 때 자신이 직접 웹 페이 지를 작성할 수 있고 디자인적으로 잘 활용할 수 있다는 점을 어필할 수 있다. 그러나 내용을 바로바로 업데이트하기에 시간과 노력이 많이 들어 가므로 장단점을 잘 생각해 보고 만들어야 한다. 최근에는 노션으로 작성 한 이력서와 포트폴리오가 더 많아지는 추세다.

- **사례 4**: bit.ly/developer_portfolio_4
- **QR 코드**:

▼ 그림 6-4 사례 4

그밖에
준비할 수 있는 것들

여러분이 신입 개발자를 뽑아야 하는 회사나 팀장이라고 가정하고 잠시 생각해 보자. 여러분이라면 어떤 사람을 뽑을 것인가? 당연히 개발을 잘하는 사람이 첫 번째겠지만, 신입임을 감안하면 실력이 아주 뛰어나지 않을 수 있다.

그렇다면 지금은 실력이 뛰어나지 않더라도 앞으로 성장이 기대되는 사람을 뽑고 싶을 것이다. 배움에 열정이 있고, 배운 것을 빠르게 소화하고, 개발에 대한 관심 자체가 높아 개발을 재미있어 하고, 평소에도 많은 시간과 노력을 투입해 공부를 게을리하지 않는 그런 사람을 뽑고 싶을 것이다.

자, 다시 지원자 입장으로 돌아와 보자. 개발 자체에 대한 호기심, 열정, 관심 등이 있는 사람이라는 점을 어떻게 어필할 수 있을까? 다음과 같은 방법이 있다.

개발에 대한 호기심, 열정, 관심 등을 어필할 수 있는 여러 방법

1. 본인만의 개발 정리 노트/마인드맵 만들기(공부 목적용)

2. 개발 블로그 작성하기

3. 개발 관련 서적 읽고 내용 정리하기

4. 기능 학습을 위한 개인 프로젝트 만들기

5. 몇 가지 개발 관련 주제를 선정해 정리해 보기

6. 개인 프로젝트 만들기

7. 라이브러리 만들어 깃허브에 올리기

8. 개발 관련 콘퍼런스 등에 참석하고 느낀 점, 배운 점 정리하기

여러 방법을 나열했지만 결국 '나'라는 사람이 지적 욕구나 개발에 대한 관심이 높다는 것을 증명하기 위한 목적임은 동일하다. 따라서 본인이 잘할 수 있는 것을 몇 가지 선택해 실행에 옮겨 보자. 그리고 해당 내용을 잘 정리한 링크를 이력서나 포트폴리오에 추가해 보자.

물론 기본기가 훨씬 더 중요하다는 것을 잊지 말자. 기본을 잘 갖추고 있으면서 추가로 하면 좋다고 이야기하는 것이지 주객이 전도돼서는 안 된다.

다음 장에서는

지금까지 개발자의 이력서와 포트폴리오 작성법을 살펴봤다. 구체적인 사례들을 보면서 앞으로 여러분이 제출할 포트폴리오를 어떻게 작성해야 하는지, 무엇을 주의해야 하는지 알아봤다. 이제 다음 장에서는 실제 어떤 프로젝트를 해야 포트폴리오로 사용할 수 있는지 이야기해 보겠다.

1 개발자 이력서와 포트폴리오 제출 방법은 2가지가 있다.

- 노션 이력서나 웹 이력서와 같이 웹 페이지로 작성 → 링크로 제출
- 한글이나 워드처럼 문서 작성 프로그램으로 작성 → PDF 파일로 제출

2 개발자 이력서에는 프로필, 자기소개, 기술 스택 등이 들어간다. 이 중에서 기술 스택은 최대한 구체적으로 작성해야 한다. 단순하게 기술명만 나열하면 정보가 부족해 회사가 지원자에 대해 판단할 수 없다.

3 포트폴리오를 작성할 때는 프로젝트의 목적, 사용 기술, 결과 화면, 배운 점, 문제 해결 경험, (공동 프로젝트의 경우) 협업 방법, 담당 역할 등을 넣어 통일성 있게 작성한다.

4 포트폴리오에서 문제 해결 경험을 기술할 때는 구현 과정에서 어떤 기술적인 문제점이 있었는데 그것을 어떤 방식으로 해결했는지 구체적으로 서술해 자신의 관점을 잘 담아낸다.

5 입사 지원 시 이력서와 포트폴리오 외에도 그동안 정리한 개발 블로그, 깃허브, 콘퍼런스 활동 후기 등을 제출할 수 있다. 단, 이런 것을 다 할 필요는 없고 본인이 잘할 수 있는 것을 선택해 준비하면 된다.

7 장

포트폴리오 작성을 위한 프로젝트 관리

직접 기획해 만들기

신입 개발자로 취업을 준비하면서 가장 고민하는 부분은 포트폴리오로 어떤 프로젝트를 할지 결정하는 것이다. 세상에 필요하다고 생각하는 서비스를 자신만의 아이디어로 만들지, 이미 세상에 존재하는 서비스를 따라서 만들지 결정해야 한다. 이 2가지 프로젝트는 장단점이 명확하기 때문에 효율을 고려해 잘 선택해야 한다.

직접 기획한 프로젝트 만들기

본인의 아이디어로 직접 프로젝트를 만드는 것은 당연히 가점을 받는 데 유리하다. 면접에서도 훨씬 더 열정적인 사람으로 비춰질 수 있다(개발 자체를 재밌게 느끼는 개발자로 보일 수 있다). 다만 실제로 아이디어를 프로젝트로 만드는 것은 쉬운 일이 아니니 잘 생각하고 시작해야 한다.

직접 기획한 프로젝트에 도전하는 것이 쉽지 않은 이유는 아이디어, 프로젝트 기획, 디자인, 개발(프론트엔드와 백엔드) 전 과정을 수행해야 하는데 이것을 단기간에 끝내기 쉽지 않기 때문이다. 사용자에게 보여 줄 페이지를 몇 페이지로 할지, 각 페이지에는 어떤 기능을 넣을지, 메뉴는 어떻게 구성할지, 버튼을 눌렀을 때 어떤 것들을 보여 줄지, 사용자의 동선을 어떻게 하는 것이 나을지 등 모든 것을 구체적으로 기획하고 그것을 디자인한 후 실제 구현까지 완성시키는 것은 정말 쉽지 않은 과정이다.

직접 기획한 프로젝트를 하기로 결정했다면, 기능과 페이지를 최소한으로 구현하자. 이미 출시된 웹 페이지나 앱 수준까지 구현하겠다고 목표를 잡으면 절대 안 된다. 이런 서비스들은 실제 수십 명의 개발자가 만들었기 때문에 개인이 포트폴리오 수준으로 만들기에는 적합하지 않다. 또한 목표를 너무 높게 잡으면 분명 중간에 프로젝트를 완성하지 못할 확률이 크다. 따라서 만들려는 프로젝트의 범위는 작으면 작을수록 좋다. 작아도 필요한 핵심 기능은 얼마든지 구현할 수 있다.

그러면 어느 정도가 적절할까? 웹이든 앱이든 최대 5페이지 이하로 구현하는 것이 적절하다. 5페이지라고 하더라도 한 페이지 안에서 구현해야 하는 내용이 꽤 많다. 또 구현하다가 막히는 부분은 문제를 해결하면서 진행해야 한다. 따라서 이 정도 수준으로만 구현해도 얼마든지 본인의 열정과 구현 능력을 보여 줄 수 있다.

예를 들면, 웹 서비스 같은 경우 게시판, to-do 리스트, 날씨 정보, 개봉 영화 소개 사이트 수준이면 충분하다. 앱도 4~5페이지로 구현할 수 있는 to-do 앱, 날씨 앱, 타이머 앱 정도면 충분하다.

직접 기획한 프로젝트를 만들기 위한 참고 자료

구글에서 다음 키워드로 검색해 보자. 웹 페이지나 모바일 앱 기획서를 만들 때 참고할 수 있는 자료를 쉽게 찾을 수 있다.

서비스 기획 시 검색 키워드

- 웹 기획서 탬플릿
- 웹 페이지 기획서 스토리보드
- 앱 스토리보드
- 화면 설계서 작성 방법
- 모바일 앱 기획서 템플릿
- 앱 스토리보드 예시

혼자서 모든 기획과 디자인을 한다면 굳이 이런 기획서가 필요할까 생각할 수도 있다. 하지만 프로젝트를 시작할 때는 서비스의 범위와 기능을 명확하게 확정하고 시작해야 한다. 그래야 중간에 기획이 바뀌더라도 바뀐 기획에 따라 수정해야 할 기능들을 놓치지 않고 잘 마무리할 수 있다.

실제 기획해 봐야 이전에 파악하지 못했던 부분에 대해서도 미리 파악하고 대처할 수 있다. 그리고 나중에 취업해서 현직에 가면 당연히 기획서를 바탕으로 단계별 작업을 진행하게 될 테니 지금부터 실무와 비슷한 순서와 과정을 거쳐 작업해 보는 것이 좋다.

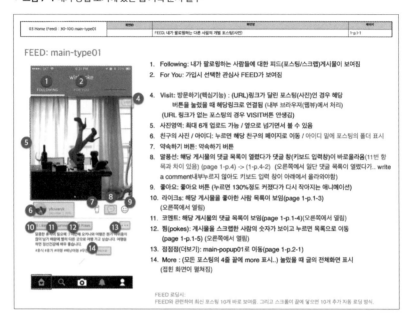

디자인도 참고할 수 있는 자료가 많다. 다음 사이트에서 괜찮은 색감과 레이아웃, 디자인을 찾아 유사하게 만드는 것도 좋다.

디자인 시 참고할 수 있는 사이트

- **비핸스**: behance.net/search/prototypes
- **드리블**: dribbble.com/shots/popular/web-design
- **핀터레스트**: pinterest.co.kr/search/pins/?q=uxui

물론 기획이나 디자인까지 완벽하게 본인의 프로젝트로 만들고 싶을 수 있다. 하지만 기획과 디자인에는 최소한의 자원만 투입하기를 권한다. 개발 분야를 지원하는 것이니 개발 및 구현 능력을 보여 주는 것만으로도 충분하다. 기획과 디자인에는 최소한의 노력만 들이자. 너무 신경을 쓰다 보면 결국 최종 목표로 하는 결과물을 완성하기가 어렵다.

프론트엔드를 위한 오픈 API 활용하기

웹 프론트엔드 개발자나 앱 개발자 입장에서 프로젝트를 할 때 가장 고민되는 부분은 서버를 어떻게 구현할지 결정하는 것이다. 하나의 서비스를 완성하려면 사용자에게 보여 줄 부분뿐만 아니라 필요한 데이터를 서버에서 받아 와 보여 주는 부분도 뒷받침돼야 한다. 즉 어떠한 방법으로라도 서버가 필요하다.

대부분 프론트엔드(웹/앱) 예비 개발자는 이러한 제약을 오픈 API 서비스를 이용해 극복한다. 오픈 API Application Programming Interface 는 누구나 사용할 수 있도록 공개된 API로, 서비스에서 제공하는 서버에 필요한 데이터를 요청하면 관련 정보를 제공해 준다. 예를 들어 날씨 정보, 교통 정보, 서울시 인구 정보, 도로 정보, 국내에 개봉한 영화 정보 등과 같은 공공 데이터를 활용할 수 있도록 제공해 주는 API가 대표적이다.

그리고 공공 데이터뿐만 아니라 네이버, 카카오 같은 대규모 IT 기업에서도 오픈 API 서비스를 제공한다. 소규모 IT 회사들이 자신들의 오픈 API 서비스를 사용함으로써 장기적으로 자사 서비스에 종속될 수 있도록 여러 데이터를 제공하는 것이다. 카카오에서는 지도, 내비게이션, 검색, 번역 같은 API 서비스를 무료로 제공하며, 네이버에서는 캘린더, 인물 사진, 유명도 검색, 검색어 트렌드, 네이버 블로그/카페 공유하기 등과 같은 API 서비스를 무료로 제공한다. 이외에도 무료로 제공되는 오픈 API 서비스들이 많으니 구글에서 '무료 오픈 API', 'free open api'로 검색해 보자.

오픈 API 사이트

- **날씨 오픈 API**: openweathermap.org

  전 세계 날씨 정보 제공

- **카카오 오픈 API**: developers.kakao.com

  내비게이션, 인공지능(번역), 카카오페이 등의 정보 제공

- **네이버 오픈 API**: developers.naver.com

  검색, 번역, 검색어 트렌드, 캘린더, 네이버 카페 등의 정보 제공

- **애플 오픈 API**: developer.apple.com

  앱, 앱 스토어, 애플 뮤직 등의 정보 제공

무료로 제공하는 오픈 API 서비스를 잘 활용하면 굳이 서버를 구현하지 않아도 내 프로젝트에 활용할 수 있다. 앞의 서비스들이 제공해 주는 데이터를 받아다가 사용자에게 보여 주는 것만으로도 서버를 대체해 결과물을 만들어 낼 수 있다.

프론트엔드를 위한 서버 쉽게 구현하기

오픈 API 서비스만 이용하면 자신이 만들고 싶은 서비스의 방향이 제한되는 경우도 많다. 결국 한정된 형태의 데이터만 제공받아 그것을 가공해서 서비스를 만들어야 하기 때문이다. 또한 원하는 정보를 서버에 추가로 저장하는 것도 대부분 불가능하다.

예를 들어, 게시판이나 SNS 같은 서비스를 만들고 싶다면 어떻게 해서든 서버를 구현해야 한다. 사용자가 작성한 글이나 이미지 같은 정보를 서버에 저장했다가 필요한 경우에 다시 가져와서 보여 주는 기능이 반드시

있어야 하기 때문이다.

자, 그러면 어떻게 서버를 구현할 수 있을까? 서버 개발자 지인이 있다면 지인에게 부탁해서 서버를 구현해 달라고 하면 좋겠지만 대부분은 그런 사람이 없다.

그래서 서비스를 만들려고 할 때 서버가 꼭 필요한 경우, 서버를 쉽게 구성할 수 있도록 도와주는 서비스가 있다. 구글에서 제공하는 서버 대용 서비스인 파이어베이스Firebase다.

- **파이어베이스**: firebase.google.com

▼ 그림 7-2 파이어베이스 접속 화면

파이어베이스를 사용하면 굳이 많은 시간과 노력을 들여 서버를 구현하지 않고 저장할 데이터의 목록 형태만 정해도 쉽게 데이터를 저장하고 서버처럼 동작하도록 만들 수 있다.

▼ 그림 7-3 서버 없이도 사용할 수 있는 파이어베이스

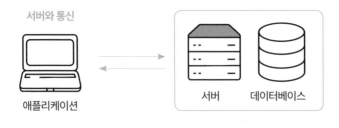

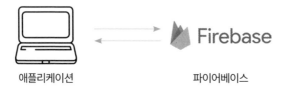

이미 많은 프론트엔드(웹/앱) 개발자가 파이어베이스를 이용해 간단한 서비스를 만들고 있으므로 참고해 보기 바란다.

팀을 짜서 프로젝트하기

개인이 혼자 프로젝트를 하면 기획, 디자인, 개발에 이르기까지 시간과 노력이 너무 많이 들고 때로는 쓸데없는 에너지를 낭비할 수도 있다. 디자인에 소질이 없는데 디자인까지 하려면 스트레스가 이만저만이 아니다. 그래서 혼자 모든 것을 하는 것이 아니라 다른 사람과 함께 협업하는 것도 좋은 방법이다.

개발자 커뮤니티 활용하기

OKKY 같은 개발자 커뮤니티를 통해 협업할 수 있는 개발자를 찾아보

자. 개발자 커뮤니티에서 협업할 개발자를 구해 프로젝트를 하는 사람도 많다. 커뮤니티 게시판에서 "같이 프로젝트 하실 분?", "같이 앱 기획해서 만드실 분?", "서버 개발자 구합니다." 이런 식으로 글을 올려 보자. 서버 개발자는 프론트엔드 개발자를 찾고, 프론트엔드 개발자는 서버 개발자를 찾기 때문에 서로의 니즈가 잘 맞아 생각보다 쉽게 구할 수 있다.

개발 동아리 알아보기

다른 방법도 있다. 개발 동아리에 들어가는 것이다. 국내에는 꽤 많은 개발 동아리가 활발하게 활동하고 있다. 주로 개발자와 디자이너가 협업해서 자신들만의 서비스를 만드는 것을 목표로 하고 있으므로 확실하게 자신의 프로젝트를 완성할 수 있다.

여러 종류의 개발 동아리가 있으므로 정보를 알아보자. 다만 주의할 점은 이런 개발 동아리는 활동 기간이 있다. 예를 들면 4~9월까지와 같은 활동 기간이 정해져 있다. 그리고 때로는 지원자가 많아 뽑히기 어려운 경우도 있으므로 잘 알아보고 도전해야 한다.

- **NEXTERS(넥스터스):** teamnexters.com

  개발자와 디자이너를 위한 IT 커뮤니티

- **Depromeet(디프만):** depromeet.com

  개발자와 디자이너가 모여 서비스 런칭을 목표로 하는 동아리

- **DND(디앤디):** dnd.ac

  개발자와 디자이너를 위한 IT 비영리 단체

- **Mash Up(매쉬업):** mash-up.kr

  IT 개발 동아리

- **MakeUs(메이커스)**: makeus.in

  프로젝트 베이스 IT 커뮤니티
- **YAPP(얍)**: yapp.co.kr

  대학생 기업형 연합 IT 동아리
- **DDD(디디디)**: dddstudy.medium.com

  IT 동아리

해커톤 참석하기

해커톤에 참석하는 것도 자신의 서비스를 만들 수 있는 기회가 된다. 해커톤이란 '해킹'과 '마라톤'의 합성어로 주로 기획자, 디자이너, 개발자가 한 팀을 이루어 특정 주제로 자신만의 아이디어와 서비스를 짧은 시간 안에 구현해 내는 공모전 성격의 행사다. 짧은 경우 하루 또는 이틀, 긴 경우 1~2주일 정도의 기간 동안 집중력을 발휘해 서비스를 완성한다.

해커톤에 개발자로 참여하면 기획자와 디자이너를 행사에서 매칭해 준다. 따라서 내가 직접 모든 것을 하지 않아도 서비스를 완성할 수 있는 좋은 기회로 활용할 수 있다.

해커톤 행사는 자주 열리지 않으므로 다음과 같은 플랫폼에서 어떤 종류의 해커톤 행사가 열리는지 잘 검색해 보고 기회를 찾으면 된다.

- **이벤터스**: event-us.kr
- **온오프믹스**: onoffmix.com

클론 코딩하기

프로젝트를 하는 목적은 본인이 가진 개발 능력이 어느 정도 수준인지 구체적으로 보여 주기 위해서다. 앞에서 이야기한 대로 직접 기획한 아이디어로 본인만의 프로젝트를 만드는 것도 좋은 방법이긴 하지만 너무 힘들고 오래 걸린다. 따라서 굳이 아이디어, 기획, 디자인에 큰 시간과 노력을 쏟는 것보다 본인의 개발 실력 자체를 보여 주는 것에 집중하고 싶다면 클론 코딩 프로젝트를 해도 괜찮다.

클론 코딩이란

클론 코딩clone coding이란 이미 존재하는 웹 사이트나 앱 서비스를 똑같이 따라 만드는 것이다. 스타벅스, 에어비앤비, 넷플릭스, 오늘의집, 당근마켓 같이 이미 현존하는 서비스의 디자인과 기능, 기획을 완전히 베껴서 만드는 것이다.

그러면 따라 만드는 것이 도움이 될까? 당연히 도움이 된다. 정말 많은 것을 배울 수 있다. 클론 코딩은 기획과 디자인을 직접 하지 않았을 뿐이지 내부에 쓰이는 기술이나 난이도는 똑같이 구현해야 하기 때문이다. 따라서 프로젝트를 하는 과정에서 막히는 부분이 끊임없이 생기고, 그것들을 해결해 가는 과정에서 많은 것을 배우고 성장할 수 있다. 물론 이렇게 만든 프로젝트 결과물은 포트폴리오로 활용할 수 있다.

클론 코딩을 하면 단순하게 웹 페이지나 앱 서비스를 이용하던 사용자 입장과는 전혀 다른 관점으로 서비스를 바라보고 분석할 수 있게 된다.

클론 코딩하는 방법

자주 사용하는 서비스 따라 만들기

클론 코딩에 도전하는 가장 좋은 방법은 평소에 자주 사용하는 웹 서비스나 앱 서비스를 만드는 것이다. 자주 사용해 봤기 때문에 사용법도 익숙하고 서비스를 분석하고 구현하는 데 많은 노력을 들이지 않아도 된다.

누구나 다 아는 서비스 따라 만들기

자주 사용하는 서비스가 없다면 유튜브, 인스타그램, 당근마켓, 에어비앤비, 트위터와 같은 서비스를 클론 코딩해 보자. 워낙 유명한 서비스들이라 누가 봐도 잘 만들었는지 아닌지 판단할 수 있고, 완성된 프로젝트를 보면 수준도 꽤 있어 보이기 때문에 클론 코딩하기에 적합하다.

클론 코딩 강의 활용하기

본인이 프로젝트를 해 본 경험이 있고 몇 개월 이상 공부해 왔다면 클론 코딩에 도전하는 것이 어렵지 않을 것이다. 하지만 클론 코딩에 도전하는 것 자체가 어렵게 느껴지거나 지금 실력에 비해 무모하다고 생각된다면 클론 코딩을 다루는 강의를 보면서 내 것으로 만드는 것도 좋은 방법이다. 대표적인 클론 코딩 강의 사이트는 다음과 같다.

- **노마드 코더**: nomadcoders.co

  노마드코더 니콜라스가 운영하는 사이트로 클론 코딩 강의가 다수 있음

- **유데미**: udemy.com

  웹 프론트엔드, 앱 개발, 풀스택 등의 클론 코딩 강의가 다수 있음

- **iOS 아카데미**: iosacademy.io

  iOS 앱 개발 클론 코딩 강의가 다수 있음

클론 코딩 강의를 보면서 철저하게 학습하고, 모든 강의 내용을 따라 하자. 그리고 강의를 따라 하는 것에서 한발 더 나아가 처음부터 끝까지 강의를 보지 않고 모든 내용을 직접 코드를 작성해서 다시 구현해 보자. 막히는 부분은 복습하면서 철저하게 강의 내용을 내 것으로 소화하자. 이렇게 공부해서 모든 강의 내용이 내 것이 됐다면 그 프로젝트는 이제 포트폴리오로 활용해도 괜찮다.

다시 한번 말하지만 강의에서 제공하는 모든 코드를 그대로 베껴서 내 포트폴리오로 활용하라는 것이 아니다. 철저하게 학습해서 내가 직접 작성한 코드라고 자신 있게 말할 수 있는 수준이 될 때까지 익히라는 것이다. 때로는 강의에서 말한 방식 외에 나만의 방식으로 코드를 바꿔서 구현해도 괜찮다.

이 정도 수준으로 철저하게 내 것이 됐다면 언제든지 면접에서 프로젝트에 관련한 질문을 받았을 때 자신 있게 대답할 수 있을 것이다. 프로젝트와 구현 방식과 기술이 이제는 완전히 나의 것, 나의 지식이 됐기 때문에 나의 포트폴리오라고 봐도 무방하다.

클론 코딩에 대한 편견

간혹 클론 코딩을 단순히 코드 베끼기일 뿐이니 하지 말라고 하는 사람이 있다. 유튜브나 여러 블로그에서 관련 글들을 찾아볼 수 있는데, 이런 말에 영향을 받지 않기 바란다.

클론 코딩에 반대하거나 클론 코딩 결과물을 얕잡아 보는 사람들이 그렇게 말하는 이유는 다음과 같다.

- 별다른 고민 없이 코드를 따라 쳤다.
- 모르는 내용을 질문하지 않았다.
- 클론 코딩하면서 배운 내용을 문서화하지 않았다.
- 결과물이 강의 또는 책의 결과물과 100% 일치한다.

결국 클론 코딩을 통해 충분히 내 것으로 만들지 않았다는 점을 비판하는 것이다. 그러나 충분히 고민하고 이해해 구현했다면 이런 비판에 해당하지 않으므로 괜찮다. 그러니 클론 코딩 자체를 부정적으로 볼 필요가 없다.

한 지원자가 넷플릭스 홈페이지를 똑같이 만들어 포트폴리오로 제출했다고 해 보자. 넷플릭스를 똑같이 만들었기 때문에 실력이 없는 걸까? 아니다. 오히려 면접관 대부분은 그 사람의 실력을 인정한다. 신입 지원자이긴 하지만 이 정도 수준의 결과물을 똑같이 만들어 낼 수 있다는 것에 놀라기도 하고, 우리 회사에 들어왔을 때 어느 정도 역할을 할 수 있을지 객관적 판단의 잣대로 삼기도 한다. 따라서 회사와 면접관의 입장에서 클론 코딩을 했다는 것은 오히려 신입 지원자의 실력을 명확하게 인지할 수 있는 근거가 된다.

클론 코딩을 하면 면접 자리에서 이야깃거리가 된다. 클론 코딩을 하는 동안 특히 어려웠던 부분, 사용했던 기술은 무엇이었는지 면접관과 지원자가 심도 있는 대화를 나눌 수 있다. 이런 대화를 통해 일명 '티키타카'가 이루어져 채용에 긍정적인 결과로 이어진다.

취업 시 클론 코딩의 장점을 정리하면 다음과 같다.

- 디자인이나 기획에 큰 힘을 들이지 않고도 효율적으로 접근할 수 있다.
- 누구나 한 번쯤은 경험한 웹이나 앱의 결과물을 보여 준다는 점에서 친숙하다.
- 이미 상용화된 서비스를 만들기 때문에 프로젝트 결과물이 제대로 구현됐는지 안 됐는지 객관적으로 판단하기 쉽다.

학원에서 같이 공부한 친구들도 모두 클론 코딩 프로젝트로 취업했다. 에어비앤비, 야놀자, 메가박스, 오늘의집, 넷플릭스 등의 앱을 클론 코딩했다. 지금 내가 운영 중인 내 부트캠프 수강생들도 클론 코딩 프로젝트로 취업하고 있다.

클론 코딩 프로젝트가 마이너스가 될지 고민하지 말자. 차라리 기존의 웹 페이지나 앱과 얼마나 더 똑같이 만들 수 있을지를 고민하기 바란다.

1 포트폴리오 작성을 위해 프로젝트를 하는 첫 번째 방법은 직접 기획
해서 만드는 것이다. 세상에 필요하다고 생각하는 서비스를 자신만
의 아이디어로 만드는 방법이다. 개발에 열정적인 사람으로 비춰질
수 있으나 기획, 디자인, 개발의 전 과정을 수행해야 하는 어려움이
있다.

2 포트폴리오 작성을 위해 프로젝트를 하는 두 번째 방법은 클론 코딩
이다. 이미 존재하는 웹 사이트나 앱 서비스를 똑같이 따라 만드는
것이다. 자주 사용하는 서비스 따라 만들기, 누구나 다 아는 서비스
따라 만들기, 클론 코딩 강의 활용하기 등으로 하면 된다.

3 직접 기획해서 프론트엔드 프로젝트를 할 경우 오픈 API나 파이어베이
스를 활용하면 직접 서버를 구현하지 않고도 프로젝트를 할 수 있다.

4 직접 기획해서 혼자 프로젝트를 하면 기획, 디자인, 개발에 이르기까
지 시간과 노력이 많이 든다. 이럴 때는 개발자 커뮤니티나 개발 동아
리를 활용하거나 해커톤에 참석해 팀을 짜서 프로젝트를 할 수 있다.

5 클론 코딩을 할 때 주의할 점은 서비스를 그대로 베낄 경우 프로젝트의 의미가 없다는 것이다. 철저하게 학습해서 내가 직접 작성한 코드라고 말할 수 있는 수준이 될 때까지 익혀야 한다.

8 장

취업문 바로 앞,
면접 준비

기술 면접 준비 방법

개발자 면접은 2단계로 이뤄진다. 1차 면접은 기술 면접으로 지원자가 공부한 분야에 대한 기술적 지식과 전문성을 확인한다. 보통 같이 일하게 될 팀장급 실무진과 면접하기 때문에 실무진 면접이라고도 한다.

2차 면접은 주로 지원자가 회사와 성향이 맞는지 확인하기 위한 인성 면접을 진행한다. 회사의 임원들이 면접관으로 참여하므로 임원 면접이라고도 부른다.

누구나 처음 면접을 보면 두렵고 떨린다. 하지만 면접은 경험의 영역이라서 최대한 많이 보고 경험치를 올려야 한다. 이 장에서는 주로 기술 면접에 대비하는 방법을 이야기하겠지만 임원 면접과 관련해서도 몇 가지 팁을 소개하겠다. 먼저 기술 면접 준비 방법을 알아보자.

면접 문제 미리 검색해 보기

기술 면접 준비는 면접을 보기 바로 직전에 하는 것보다 포트폴리오를 작성하고 서류를 준비할 때부터 하는 것이 좋다. 구글에서 자신의 분야와 관련한 면접 문제를 미리 검색해 보자. 다음과 같이 개발 분야를 키워드로

넣어 검색해 보면 상당히 많은 면접 질문을 찾을 수 있다.

- 프론트엔드 기술 면접 질문
- 백엔드 기술 면접 질문
- 자바 백엔드 기술 면접 질문
- iOS 개발자/안드로이드 개발자 기술 면접 질문
- CS 기술 면접 질문

면접 질문 리스트를 찾았다면 문제들을 분야별로 나눠 정리하자. 프로그래밍 언어(문법), 객체지향 프로그래밍, 메모리 관리, 프레임워크, CScomputer Science, 네트워크, 운영체제, 자료구조 등으로 분야를 나눈 후 어떻게 답할지 답변도 같이 정리해 나만의 면접 노트를 만들자.

그리고 자신의 분야와 관련한 기술 면접에서는 어떤 부분에 더 비중을 두는지 알아보고 자주 나오는 질문순으로 우선순위를 매겨 정리하는 것이 좋다. 예를 들어, iOS와 안드로이드 앱 개발은 CS 관련 질문은 덜 하고, 프로그래밍 언어나 프레임워크 관련 질문은 더 하는 경향이 있다. 어느 분야가 됐든 그 분야에서 더 중요시하는 내용을 질문하는 법이다.

나만의 언어로 말하는 연습하기

면접 노트에 질문과 답변을 정리했다면 자신의 방식대로 답변할 수 있도록 연습해야 한다. 이때 달달 외워서 답변하는 것은 바람직하지 않다. 면접관은 지원자보다 전문가다. 지원자가 답변 내용을 이해하고 자신만의 언어로 설명하는지 아니면 달달 외운 걸 말하고 있는지 단번에 안다. 그리고 답변을 대충 얼버무리면 질문과 관련한 추가 질문을 계속할 수 있다. 따라서 면접 질문 리스트의 답변을 최대한 이해해서 본인만의 언어로 설명할 수 있어야 한다.

면접 준비 과정 자체를 자신의 개발 분야에 대해 더 깊이 제대로 공부하는 기회로 생각하길 바란다. 질문에 대한 답변을 쓰다 보면 분명 새로운 내용을 공부하게 된다. 그동안 본인이 잘못 알고 있던 부분들을 깨닫고 중요한 부분을 다시 한번 짚는 계기도 된다. 실제로 이렇게 면접 준비를 하면서 공부한 내용이 나중에 현업에서 일할 때 밀접하게 활용되기도 한다.

어렴풋이 알고 있는 개념이 있다면 잘 정리해 놓은 글을 찾아보자. 중요한 개념은 무조건 이해될 때까지 공부해 정확하게 아는 것이 중요하다. 면접을 다니다 보면 깨닫겠지만, 결국 면접 문제는 비슷하다. 처음부터 준비를 철저하게 해 놓는 것이 후회를 덜 하는 길이다. 면접에서는 단순한 질문 하나에서 끝나기보다 꼬리에 꼬리를 무는 방식으로 더 구체적으로 들어가는 경우가 많으니 개념을 완벽하게 파악하고 있는 것이 좋다.

의견을 나눌 수 있는 친구 만들기

개발자 커뮤니티, 카카오톡 오픈 채팅방 등에서 같은 분야에 취업을 준비하고 있는 이들을 찾아보자. 면접은 혼자 준비하는 것보다 여러 명이 같이 준비하는 것이 낫다. 기술적으로 잘못 알고 있는 정보들이 있을 수 있고, 같이 의견을 나누고, 특정 질문에 대해 같이 조사하면서 실제로 답변을 연습하다 보면 자신을 검증할 수 있기 때문이다. 어떤 질문은 답변 방향에 따라 내용이 달라져서 반드시 짚고 넘어가야 하는 포인트가 있을 수 있다. 그런 부분들에 대해 서로 의견을 교환하고 조언을 주고받을 수 있다.

면접이라는 것은 결국 나의 의견을 상대방에게 설명하고 나의 의견으로 상대방을 설득하는 과정이다. 그러므로 머릿속으로만 외우고 생각하는 것보다 여러 사람과 의견을 나누고 설명하는 방식을 연습하는 것이 큰 도움이 된다.

정말 가고 싶은 회사는 나중에 지원하기

면접은 경험의 영역이다. 그렇기 때문에 면접을 보는 횟수가 늘면 늘수록 면접에 임하는 태도가 좋아지고 평정심이 생겨 침착함을 유지하기가 쉬워진다. 면접을 최소한 1~2번만 해 봐도 면접장 분위기에 익숙해질 뿐만 아니라 비슷한 질문에 답변하는 방식과 대처하는 기술의 경험치가 늘어난다.

그렇기 때문에 서류를 낼 때 초반에는 가고 싶지 않은 회사라도 일부러 지원해 볼 필요가 있다. 일부러 지원해서 면접 자리를 몇 번 경험하고, 그 후에 정말 내가 간절하게 가고 싶은 회사에 지원하는 것도 합격률을 높일 수 있는 방법이다.

기술 면접 대처법

단어가 생각나지 않을 때

면접 질문을 받고 때로는 단어가 생각나지 않을 수 있다. 그럴 때는 다음과 같이 약간의 배려를 요청하는 것도 괜찮다.

"죄송한데, 잠깐 머릿속으로 정리할 시간을 주시겠어요?"
"제가 단어가 생각나지 않아서 그러는데,
키워드에 대한 힌트를 조금만 주시겠어요?
키워드만 알면 내용을 잘 설명할 수 있을 것 같습니다."

면접관도 사람이므로 유연성을 발휘해 지원자에게 작은 배려를 해 줄 수 있다.

답변하지 못했을 때

기술 면접에서 중요한 것 중 하나가 바로 평정심 유지, 즉 멘탈 관리다.

면접 경험이 많지 않은 지원자는 면접 초반 질문에 대답하지 못해서 면접 내내 당황하며 면접이 끝날 때까지 그 상태에서 헤어나지 못하는 경우가 꽤 많다. 답하지 못한 질문은 빨리 잊어버리고 다음 질문에 집중해야 하는데, 계속 이전 질문에 신경을 쓰는 잘못을 범하는 것이다.

절대 그렇게 하면 안 된다. 한두 질문에 대답하지 못했더라도 자신의 다른 장점을 보여 줄 수도 있고, 다른 질문에 대답을 잘 해서 충분히 만회할 수도 있다. 힘들겠지만 최대한 평점심을 유지하고 다음 질문에 답변하는 것에만 집중하자.

때로는 아예 모르는 내용을 질문받을 수도 있다. 그럴 때는 아는 척하기보다 명확하게 '잘 모른다'고 솔직하게 대답하는 것이 낫다. 지원자가 자신이 잘 아는 내용과 잘 모르는 내용을 명확하게 구별할 줄 안다는 인상을 심어 주는 것도 중요하다.

먼저 나서도 될까 고민될 때

기술 면접을 볼 때 꼭 면접관이 물어보는 내용만 답변할 필요는 없다. 주어진 상황보다 조금 더 능동적으로 임해도 괜찮다. 예를 들어, 어떤 기술적인 질문에 대해 답변할 때 다음과 같이 말해 본인이 좀 더 능동적인 사람이라는 것을 보여 주는 것도 좋다.

"제가 칠판에 그림을 그려가며 설명해도 될까요?"
"제가 공부하고 정리한 내용을 보여 드리고 싶어서 그러는데,
노트북을 꺼내서 보여 드려도 될까요?"

이런 태도는 면접관이 지원자에게 가산점을 주는 요인이 된다. 실제 업무에서도 '능동적인 사람'이라고 예상해 볼 수 있는 하나의 시그널이기 때문이다. 회사에서는 조용히 시키는 일만 하고 자기 의견이 없는 사람을 좋아하지 않는다. 개발 분야든 아니든 간에 회사는 함께 팀으로 하나의 일을 완성해 나가는 조직이다. 그래서 태도는 겸손하고 다양한 의견에 대해 열린 마음이되 때로는 자기 자신의 관점을 말할 줄 아는 능동적이고 적극적인 사람을 원한다.

적절한 면접 태도

앞에서는 주로 기술 면접 질문에 대처하는 방법과 적절한 답변 방식을 이야기했다. 여기서는 전반적인 면접 태도와 면접 이후 팁에 관해 이야기하겠다.

지원자가 풍기는 좋은 모습이란

자신이 월등하게 코딩을 잘하고 실력이 뛰어나다고 해서 무조건 취업이 되는 것은 아니다. 회사는 여러 사람이 같이 일하는 조직이다. 그래서 함께 일할 사람을 가려 뽑는다.

면접을 볼 때 지원자가 풍기는 좋은 모습에는 자기 확신, 열정 가득한 눈빛, 간절한 의지와 마음, 긍정적인 마음가짐, 겸손한 말투와 태도, 기본 인성 같은 것들이 있다.

자기 확신, 열정, 간절한 의지와 마음

"시켜 주면 열심히 하겠습니다. 무조건 해내겠습니다."라는 태도를 가진 지원자와 "야근은 싫어요. 칼퇴가 가장 중요해요."라고 하는 지원자가 있다고 해 보자. 과연 누가 뽑힐까?

또 "연봉은 회사의 기준에 따를 테니 이 회사에서 일해 보고 싶습니다."라고 하는 지원자와 "저는 연봉이 얼마 이하라면 오지 않겠습니다."라고 하는 지원자가 있을 때 누가 뽑힐지 생각해 보자.

물론 워라밸과 연봉을 신경 쓰지 말라는 뜻은 아니다. 내가 정말 가고 싶은 회사가 있다면 "뭐라도 해낼 자신이 있습니다. 함께하고 싶습니다."라는 의지를 보여 주라는 뜻이다.

지원자의 열정은 이런 말speaking뿐만 아니라 행동에서도 나타난다. 걸음걸이, 면접에 집중하는 표정과 눈빛, 어떻게 해서든 답변하려는 의지 등에서 면접관들은 지원자가 보여 주는 열정을 느낀다.

긍정적인 마음가짐, 겸손한 말투와 태도

무엇을 표현하든지 겸손한 언어로 표현하는 것이 좋다. "제가 해 봤는데 A 방식이 무조건 맞다고 생각합니다."라는 말보다는 "이런 부분에서는 A 방식이 더 맞지 않을까 생각합니다."와 같이 다른 가능성도 열어 놓으면서 표현하는 것이 좋다.

프로그래밍에 정답은 없다. 그렇기 때문에 내가 생각한 방식이 틀릴 가능성도 있다는 것을 보여 주고, 나와 다른 의견도 얼마든지 수용 가능한 열린 태도를 가진 사람이라는 것을 보여 주는 것이 중요하다.

면접관은 당연히 지원자보다 훨씬 더 경험이 많다. 여러 프로젝트를 통해 수많은 구현 방식을 경험했을 것이고, 어떤 방식을 채택했을 때의 장단점이 무엇인지 훨씬 더 많은 관점과 지식을 지녔을 것이다. 그러므로 지원자는 면접관에 대해 존중하는 자세를 보여 주면서도 자기 자신에 대한 확신과 의지를 겸손한 말투와 태도로 보여 줘야 한다.

인생 목표나 꿈과 관련한 질문을 받았을 때

인성 면접에서는 지원자의 인생 목표나 꿈과 관련한 질문도 받게 된다. 이런 질문에 대답할 때 너무 거창하게 포장할 필요는 없다. 개발 자체가 재미있어서 60살이 되어도 개발하면서 살고 싶다고 소박하게 말해도 된다. 최대한 솔직하면서도 담백한 답변이 좋다.

비전공자가 개발자로 전향한 경우라면 "왜 개발자로 전향하게 됐나요?"라는 질문도 받을 수 있다. 저마다 여러 이유가 있을 것이다. 아마 이 글을 읽고 있는 사람들도 각자 사연이 있을 것이다. 개발자라는 직업을 누가 추천했든, 우연히 관심이 생겼든 중요하지 않다. 어떤 이유든 개발에 관심이 생긴 이후로 정말 뒤돌아보지 않고 후회 남지 않을 만큼 열정적으로 공부했고, 매달렸고, 무언가 결과물을 만들어 냈을 때 너무 재미있어서 앞으로도 개발자의 길을 가게 되리라 확신한다는 답변 정도라면 충분할 것이다.

면접 이후 팁

너무 가고 싶던 회사라 합격하길 바랐는데 떨어지는 경우도 생길 수 있다. 그것은 꼭 여러분이 기술적으로 모자라서가 아니다. 단지 여러 지원자 중에 조금 더 적합한 지원자가 있었을 뿐이다. 그러니 상심해 좌절하기보다 긍정적으로 생각하자. 한두 번의 면접 기회가 결코 나의 인생을 결정짓지 않는다. 언제든 실력을 키워 지금 지원하는 회사에 다시 경력직으로 도전할 수도 있고, 다음 면접을 잘 봐서 훨씬 좋은 회사에서 일하게 될지도 모른다. 개발자라는 직업은 단기간에 모든 것이 결정되는 승부가 아니며, 직업적 특성은 더더욱 그렇지 않다. 따라서 앞으로 인생에서 얼마든 기회가 생길 수 있다.

여기서 또 하나 주고 싶은 팁은 혹시 너무 가고 싶던 회사의 면접에서 떨어졌다면 정중하게 이메일을 보내 떨어진 이유를 물어보라는 것이다. 내가 떨어진 이유에 대해 '정말 솔직한 이유'를 듣고 싶어서 그러는데 말해 줄 수 있는지 한번 물어보자. 회신이 안 올 수도 있지만 50% 이상의 확률로 회신이 올 것이다.

메일 내용에서 정말 내가 부족한 부분이 있어서 떨어졌다고 하면 그 부분을 보완해서 다음 면접을 더 잘 보면 된다. 또는 확실한 이유가 없더라도 그런 메일을 주고받음으로써 여러분은 좀 더 열정적인 지원자로 비춰질 수 있다. 그러면 혹시라도 몇 개월 혹은 몇 년 뒤에 다시 그 회사로 이직에 도전했을 때 회사는 당신을 열정적이었던 지원자라고 기억해 가산점을 줄 수도 있다.

1 기술 면접을 준비할 때는 면접 문제를 미리 검색해 보고 면접 노트를 만든다. 그리고 나만의 언어로 말하도록 연습한다.

2 기술 면접은 혼자 준비하는 것보다 여러 명이 같이 준비하는 것이 낫다. 기술적으로 잘못 알고 있는 내용을 바로잡을 수 있고, 같이 의견을 나누며, 질문에 답변하는 것을 연습하다 보면 더 객관적으로 자신을 검증할 수 있다.

3 기술 면접을 볼 때는 다음 3가지를 명심한다.

- 단어가 생각나지 않으면 잠깐 시간을 달라고 양해를 구한다.
- 답변을 제대로 못했을 때는 그 질문은 깨끗하게 잊고 다음 질문에 집중한다.
- 면접관의 질문에 답만 하는 것보다 자신의 생각을 제안하는 등 적극적으로 임하는 것도 괜찮다.

4 면접을 볼 때 지원자가 풍기는 좋은 모습에는 자기 확신, 열정 가득한 눈빛, 간절한 의지와 마음, 긍정적인 마음가짐, 겸손한 말투와 태도, 기본 인성 같은 것들이 있다.

5 인생 목표나 꿈과 관련한 질문을 받으면 거창하게 이야기하지 않아도 된다. 최대한 솔직하면서도 담백하게 답한다.

개발자가
되고 싶습니다

4부

시작하기 전에
알았더라면

9 장

시행착오를 줄이는
개발 공부 방법

들어가기 전에

이 장에서는 시행착오를 줄이며 공부할 수 있는 9가지 방법에 대해 이야기하려고 한다. 내가 만약 개발을 처음 배우던 때로 돌아간다면, 개발 공부를 시작하기 전에 이 방법들을 알았더라면, 좌절의 시간을 줄이고 그 시절을 더 알차게 보낼 수 있었을 만한 방법들이다.

9가지 공부 방법은 크게 3가지 관점으로 구분한다.

1. 개발 공부의 속성을 이해하자.
2. 직접 쳐 보고, 그려 보고, 찾아보자.
3. 흔들리지 않는 마음을 갖자.

개발 공부에는 분명 개발에 적합한 공부 방법이 있다. 처음에는 이런 점을 몰라 고생했지만 그 방법을 알고 진입 장벽을 깨고 나니 그 이후로는 크게 어렵지 않았다. 왜 그렇게까지 힘들었는지, 또 그렇게까지 힘들어할 필요가 있었는지 의문이 들 정도다.

비단 나의 메인 분야(iOS 앱 개발)만 공부해 보고 하는 말이 아니다. 가볍게나마 프론트엔드, 백엔드, 게임 개발을 다뤄 봤을 때도 크게 어렵지 않았다. 처음에는 아무리 해도 풀리지 않던 수수께끼가 딱 한 번 푸는 방법을 깨닫고 나니 그와 관련한 모든 것이 쉬워진 것과 같다. 이제는 어떤 문제와 마주쳐도 풀 수 있게 된 느낌이다.

개발은 어떤 분야든 로직, 즉 논리가 다 같다. 진입 장벽을 깨기 어렵지만 처음만 잘 지나가면 모든 개발은 대동소이하다.

물론 실력 있는 스페셜리스트가 되려면 꽤 오래 시간을 투입하고 무척이나 노력해야 한다. 하지만 그 정도 수준을 목표로 하는 것이 아니라면 어떤 분야의 개발이든 어렵지 않게 공부할 수 있다.

누구나 처음 개발 공부하면 시행착오를 겪는다. 나도 그랬고 내 주변에 있던 대부분의 비전공자들도 그랬다. 하지만 지금 생각해 보면 개발은 절대 넘지 못할 산이 아니다. 이 장에서 시행착오를 줄이는 개발 공부 방법을 배우고 나면 자신에게 맞게 변형해 활용해 보길 바란다.

개발 공부의
속성을 이해하자

방법 1: 개발 공부에 적합한 방법으로 접근하기

　개발을 공부할 때는 개발에 적합한 방법으로 접근해야 한다. 그것을 알고 시작하면 시행착오를 줄일 수 있다. 최대한 많이 외워서 익숙해져야 하는 내용과 사용법만 알아 두고 필요할 때 찾아 쓰는 내용이 있음을 깨닫는 순간 이론에 대한 집착을 내려놓고 조금은 마음 편하게 개발을 마주할 수 있다.

　결국 개발이라는 것 자체가 코드를 통해 결과물을 만들어 내는 것이므로 막연히 두려워하기보다 때로는 과감하게, 설사 코드가 잘못됐더라도 무작정 만들어 보는 것이 중요하다. 주변에서 비교적 짧은 시간에 개발자로 성장한 사람들을 보면 코드가 잘못됐더라도 서슴지 않고 일단 결과물을 만들어 낸 사람이 많았다. 구글에서 검색해 남의 코드를 베껴서라도 일단 만들었다. 물론 그 후에는 이론적인 내용을 찾아서 익히고 학습했다.

개발자 사이에서는 우스갯소리로 '학자형 개발자와 야생형 개발자가 있다'고 한다.

- **학자형 개발자**: 이론을 단계별로 학습한 후 차근차근 코드에 적용해 보는 사람을 말한다.
- **야생형 개발자**: 아무것도 모른 채 일단 구글에서 남의 코드를 검색해 그 코드를 가져다 붙여 넣으며 결과물을 만들어 낸 다음에, 역으로 이론을 공부하는 사람을 말한다. 결과물을 보며 잘못된 것들을 하나씩 고쳐 나가거나 이론을 더 공부해서 결과물을 조금씩 업데이트하는 방법으로 결과물을 먼저 완성하는 실전형 개발자다.

개발자 유형을 이렇게 나누어 말하는 것에는 다 이유가 있다. 개발이라는 것 자체가 결국에는 결과물을 만들어 내야 하는데 이론만으로는 해결할 수 없는 문제가 많다는 전제가 깔려 있다. 이런 상황에서 이론만 백날 생각한다면 결과물을 만들어 내지 못할 수 있다. 따라서 어느 정도 타협도 필요하고, 너무 이론에 집착하는 것보다 잘 모르더라도 무작정 해 보는 과감함도 필요하다. 이런 점이 오히려 개발자를 성장하게 만드는 원동력이 되기도 한다.

그래서 개발 공부에는 그에 맞는 공부 방법이 있다는 것을 알고 시작해야 한다. 보통 공부할 때는 이론 학습, 응용 문제 풀기(또는 이론의 적용), 익숙해지기(또는 더 깊은 내용 깨닫기) 단계로 학습한다.

▼ **그림 9-1** 일반적인 공부 방법

그런데 개발은 조금 다르다. 개발을 공부할 때는 이론 학습에 집착하기보다 무작정이라도 도전해 보는 것이 좋다. 아무리 이론을 잘 알아도 실제로 적용해 보는 것과 다르기 때문이다. 먼저 무언가를 만드는 과정에서 막히는 부분 또는 잘 모르겠는 부분을 몸으로 부딪혀 보고 이론을 공부해도 늦지 않다. 오히려 이렇게 공부하는 것이 더 효율적이다. 실제로 현역 개발자도 대부분 이러한 방식으로 접근한다.

▼ **그림 9-2** 개발의 공부 방법

방법 2: 모든 것을 알아야 한다는 집착 내려놓기

개발 공부의 방향성을 알았다면 모든 이론적인 내용을 알아야 한다는 집착을 내려놓자.

실제 개발에서 문제를 해결하는 것은 '오픈 북 시험'과 비슷하다. 개발자는 언제든지 구글 검색으로 내가 사용하고 싶은 코드를 복사해 붙여 쓸 수 있다. 이렇게 써도 아무 상관없다. 현업 개발자도 다 이렇게 개발한다.

개발자는 모든 내용을 알고 그것들을 머릿속에서 꺼내 쓰는 사람이 아니다. 그렇게 하는 것이 절대적으로 불가능한 분야다. 개발은 다른 학문보다 훨씬 광범위하다.

또한 한 번 개발한 서비스를 다시 개발하는 경우도 거의 없다. 유튜브와 같은 동영상을 공유하는 서비스를 만들어 본 개발자는 동영상 플레이와 관련한 내용을 잘 숙지하고 있을 테지만, 핀터레스트 같은 이미지 공유 서비스를 한 번도 개발해 보지 않았을 수 있다. 그렇다고 해서 아예 손도 못 대는 것은 아니다. 개발해 보지 않아도 언제든지 관련 기술을 검색해 보고 적용해 보며 개발할 수 있다.

개발자의 역할은 지휘자와 비슷하다. 개발자는 모든 소스 코드를 본인이 직접 만들지 않아도 된다. 필요할 때 검색해서 필요한 코드끼리 결합하고 수정해서 서비스에 맞게 각색하면 된다. 그렇게 해서 최종 결과물을 만들어 낼 수만 있으면 충분하다. 모든 것을 처음부터 창조해 내는 것이 아니라, 문제 해결의 관점에서 문제를 어떻게 해결할지 고민하고, 그에 맞는 해결책을 제시하는 것이 개발자의 역할이다.

개발자가 모든 것을 자세하게 다 알아야 하는 사람으로 생각하면 개발 자체를 어렵다고 느낄 수밖에 없고 그 과정에서 스트레스를 받을 수밖에 없다. 언제든지 오픈 북으로 시험을 칠 수 있다는 마음가짐으로 접근하자.

방법 3: 처음부터 못한다고 한계 짓지 말기

현역 개발자에게 개발 공부를 어떻게 해야 하냐고 물어보면 대부분 프로젝트를 하면서 무엇이라도 만들어 보라고 조언한다. 프론트엔드 개발자라면 무작정 홈페이지를 만들어 본다든지, 앱 개발자라면 무작정 앱을 만들어 보면 된다.

처음부터 걱정할 필요는 없다. 당연히 막히겠지만 구글에 검색해 보면 대부분 어떤 방식으로 하면 되는지 나와 있다. 거기서 코드를 복사해다가 쓰면 된다. 아무것도 몰라도 어떻게든 조그만 결과물을 만들어 낼 수 있고 그것을 통해 재미를 느낄 수 있다. 이론은 그 후에 해도 충분하다.

나도 학원에 다닐 때 '배우지도 않은 것을 어떻게 만들어?'라고 생각했다. 그런데 내 옆에 있던 친구는 배우지도 않았는데 자연스럽게 구글에서 검색해서 '오목 게임' 앱을 만들었다. 그 친구와 내가 다른 점은 딱 한 가지였다. 오목을 구현하는 코드는 얼마든지 구글에서 검색할 수 있고, 원하는 코드를 복사해서 사용하면 된다는 '마음가짐'이 달랐던 것이다. 물론 나는 당시 그런 것들을 구글에서 검색해 찾을 수 있다는 것조차 몰랐다.

프로그래밍 언어 문법과 최소한의 프레임워크 사용법을 배웠으면 지금 만들 수 있다고 생각하는 수준보다 살짝 더 높은 수준으로 프로젝트에 도전해 보자. 막히는 것은 검색해서 해결 방법을 찾으면 된다.

직접 쳐 보고 그려 보고 찾아보자

방법 4: 문법을 익힐 때는 빈 파일에 직접 코드 쳐 보기

코딩을 처음 공부한다면 해당 언어의 문법을 이해하는 것도 중요하지만 코드를 직접 쳐 보는 것이 더 중요하다. 그래야 내 것이 된다. 보통 이렇게 코드를 직접 쳐 보는 것을 '손으로 외운다'고 한다. 코드가 어느 정도 손에 익숙해지는 과정을 비유한 말이다.

처음 코딩할 때는 누구나 실수한다. 콤마(,)를 빠뜨린다든지, 중괄호({})를 하나 빼먹는다든지, 세미콜론(;)을 안 쓴다든지 하는 일이 다반사다. 그리고 눈으로는 이해했는데 직접 코드를 쳐 보려고 하면 잘 안 되는 경우가 많다. 그러므로 코드를 쳐 보는 연습을 계속해야 한다.

코드를 치는 것은 영어 회화를 공부하는 것과 비슷하다. 문법적으로 영어 문장을 이해할 수 있더라도 막상 외국인을 만나면 한마디도 못 하는 경우가 많다. 외국인과 대화하려면 수백 번 입으로 내뱉으면서 연습하는 과정이 필요한 것처럼 코딩도 손으로 직접 쳐 봐야 한다. 코드를 쳐 보며 앞뒤 순서가 맞는지, 단어가 틀리지는 않았는지, 자주 실수하는 부분이 어디인지 스스로 깨닫고 지속해서 연습해야 한다. 그렇게 코드를 눈에도, 손에도 익숙해지게 해야 한다.

방법 5: 모르는 영어 단어는 반드시 찾아보고 외우기

코딩 용어는 대부분 영어로 되어 있다. 그래서 처음 공부할 때 그 뜻이 잘 유추되지 않는 경우가 많다. 영어가 모국어였다면 단어만 보고도 어떤 의미로 사용하는지 유추할 수 있겠지만 현실은 그렇지 않다.

따라서 코딩에 새로 등장하는 영어 단어가 있다면 그냥 지나치거나 무작정 외우지 말고 그 의미를 꼭 찾아보자. 그래야 오래 기억할 수 있고, 그 단어에 담긴 미묘한 느낌까지도 쉽게 이해할 수 있다.

분명 코딩 용어로 해당 단어를 사용한 데는 이유가 있을 것이다. 설사 책이나 강의에서 간단하게 설명하고 넘어가더라도 그 안에 내포된 뜻을 찾아보길 바란다. 직접 찾아보고 더 깊은 의미를 이해한다면 일부러 외우지 않아도 자연스럽게 기억하게 된다.

방법 6: 동작 방식은 손으로 그려 보기

코딩을 배우면서 처음부터 모든 코드를 한 번에 쳐 내려간다고 생각하면 오산이다. 코딩은 논리 구조를 코드로 옮겨 놓은 것이다. 즉, 코드는 하나의 도구tool일 뿐이지 코드 자체가 우선이 되어서는 안 된다. 코드 자체를 본질로 생각하는 것은 위험하다.

그렇다면 코드보다 우선해야 하는 것은? 바로 '동작 방식'이다. 문제를 풀어나가는 동작 방식을 먼저 머릿속으로 정리한 후 생각들을 도표나 다이어그램 등으로 표현해 보자. 그렇게 정리됐다면 그때는 코드로 옮겨도 괜찮다.

동작 방식을 왜 강조할까? 초보자가 많이 실수하는 부분이기 때문이다.

무조건 코드를 써 내려가야 한다는 강박 때문에 코드부터 치기 시작하면 한 줄의 코드도 쓰기 어려운 경우가 많이 발생한다. 먼저 어떻게 구현할지 동작 방식을 종이에 그려 보고 구조가 완벽하게 정리됐다면 그때부터 하나씩 코드로 옮겨 보자. 이렇게 하면 막혔던 부분들이 해결될 것이다.

그림 9-3은 내가 메모리 구조를 공부할 때 변수의 값이 어떻게 바뀌는지 직접 손으로 그려 가며 이해한 것이다. 경험상 이렇게 직접 그림을 그려 보면서 메모리의 동작 구조를 파악해 보니 머릿속에 확실히 각인됐다.

나는 초반에 공부할 때 '반복문' 같은 간단한 내용도 숫자를 하나씩 대입해 보며 손으로 써 가면서 익혔다. 그랬더니 직관적으로 잘 이해할 수 있었다.

동작 방식을 먼저 생각하고 코드를 치는 것은 코딩 테스트 문제를 풀 때도 유사하게 적용된다. 무작정 코드부터 치려고 하면 잘 풀리지 않는 문제들이 많다. 코드를 치기 전에 손으로 써 보고, 그려 보고, 어떤 방식으로 문제를 풀어야겠다고 논리적인 구조를 생각한 후 도전하면 더욱 수월하게 문제를 풀 수 있다.

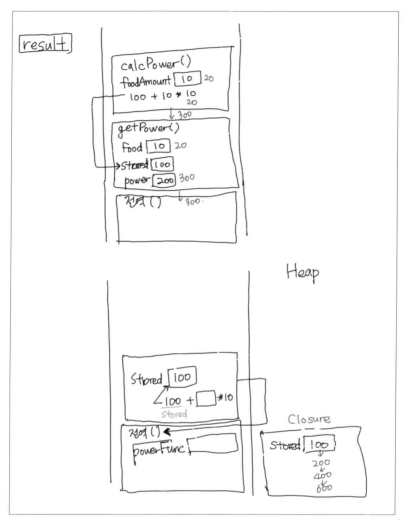

그림 9-4는 내가 프로젝트를 할 때 전체 구조와 객체 간 동작 방식을 그림으로 그려 설계한 것이다. 이렇게 그림으로 그려 보니 확실히 구조를 파악하기 쉬웠다. 이런 내용을 사진으로 찍거나 캡처해서 포트폴리오에 활용해도 좋다.

▼ 그림 9-4 프로젝트 구조 설계하기

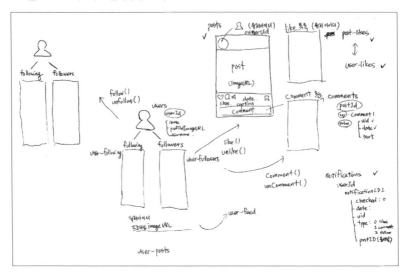

프로그램을 만들 때는 무작정 코드를 쳐 내려가는 것보다 머릿속으로 내용과 구조를 명확하게 파악한 후 만들자. 이런 습관을 잘 들여 놓으면 나중에는 그림을 그리지 않고 생각만으로도 충분히 코드를 짤 수 있게 되는 시점이 온다.

방법 7: 단계별로 최대한 쪼개서 생각하기

코딩할 때 다른 사람의 코드를 분석하거나 무언가를 만들어 내야 한다면 최대한 단계별로 쪼개서 생각하는 것이 좋다. 첫 번째, 두 번째, 세 번째… 이런 식으로 코드를 통해 논리적으로 어떤 일을 해야 하는지 단계별로 쪼개서 생각하면 아무리 어려운 문제도 해결의 실마리를 찾을 수 있다.

코드를 치는 것에 익숙해지면 나중에는 자연스럽게 그 단계들이 정리된다. 코딩에 익숙해질수록 정리되는 수준도 높아질 것이다. 하지만 초반에는 어려우니 최대한 이해하기 쉽게 쪼개서 생각하는 연습이 필요하다. 차근차근 쉬운 것부터 단계별로 정리하는 습관을 들이자.

나중에 실력자가 되더라도, 현재 수준에서 어려운 코드를 마주쳤더라도 단계별로 쪼개 생각하도록 훈련되어 있다면 전체 흐름을 쉽게 파악할 수 있다. 작은 습관은 생각보다 중요하다.

흔들리지 않는 마음을 갖자

방법 8: 사소한 것에 영향받지 말고 멘탈 관리하기

나는 수백 명의 개발자 지망생을 지켜봤다. 그중에서 어떤 사람이 개발자가 됐을까? 바로 포기하지 않고 꾸준히 한 사람이다. 개발 공부가 좀 어렵긴 해도 진입 장벽만 잘 극복하면 누구나 탄력이 붙는다. 물론 탄력을 받기 위해 최소 6개월 동안 하루 8시간 이상 공부해야 한다. 그래서 꾸준함을 유지하기가 어렵다.

솔직히 말하면 개발 공부는 단기간에 열심히 해서 빨리 끝내 버리겠다는 마음가짐으로 하는 것이 좋다. 짧은 기간 안에 개발자로 취업한 사람을 보면 공무원이나 회계사 등 시험에 대비해 공부해 본 경험이 있어서 공부가 습관이 된 사람들이다.

개발 공부는 하는 만큼 실력이 늘지 않는다. 그러다 보니 중간에 슬럼프가 오기도 하고 "내 적성이 아닌가?"라는 의문이 들기도 한다. 그래서 정신적으로 버티기 힘든 경우가 많다.

또 취업 준비생이라는 절박한 마음으로 공부하다 보면 주변에서 하는 말 하나하나에 영향을 받게 된다.

"옆에 있는 누구는 이런 것까지 공부했대."

"최소한 이것까지는 공부해야 하지 않을까?"

"누가 만든 프로젝트인데, 진짜 멋지지?"

취업 준비생에게는 조급한 마음이 있어서 굳이 신입 개발자가 공부할 필요 없는 것까지 기웃거리게 되고, 옆에 있는 친구나 심지어 개발 커뮤니티에 올라와 있는 글만 보고도 쉽게 영향을 받게 된다.

그런데 이런 말에 하나하나 신경을 쓰면 공부를 꾸준하게 할 수 없다. 본인이 소신을 가지고 준비해야 한다. 기본기가 탄탄하면 언제든지 취업할 수 있다는 믿음을 가지고 우직하게 나가야 한다.

취업은 실력이 있으면 반드시 된다. 우리는 실력을 내 것으로 만들면 된다. 반복해서 보고, 외워야 할 것들은 외우고, 누가 뭐라 해도 꼭 알아야 하는 기본 내용들만 잘 알고 있으면 된다. 제발 주위의 사소한 속삭임에 넘어가지 말고 본인의 판단을 믿고 따르고 유지하자. 꾸준함이 가장 중요하다. 공부는 엉덩이로 하는 것임을 명심하자.

방법 9: 목표를 높게 잡지 말고 재미에 집중하기

개발은 취업하고 나서도 계속 공부하며 실력을 키워야 하는 분야다. 또한 세상의 모든 것을 다룬다. 동영상 스트리밍 서비스, AR/VR, 이미지 처리, 각종 결제 시스템, 위치 기반 서비스, 블루투스 서비스 등 엄청나게 많은 분야가 있고 지금 이 순간에도 새로운 것을 구현하기 위한 새로운 기술이 등장한다.

따라서 취업 준비생 때부터 모든 것을 완벽하게 아는 상태로 취업하겠다고 생각하지 말자. 특히 비전공자라면 몇 개월 만에 개발을 배워 취업할 수 있는 수준이 된 것만으로도 잘한 것이므로 이런 생각은 금물이다.

목표를 너무 높게 잡지 말고 재미에 집중하자. 목표가 높으면 그만큼 좌절하기 쉽다. 그리고 조급해지기 마련이다. 이렇게 조급해하기보다는 어느 수준 이상으로 올랐을 때 본인이 만들어 낸 결과물에 만족하고 재미를 붙이는 것이 좋다. 개발에 재미가 붙으면 무언가를 만들어 내는 것이 즐거워 그것을 구현하다가 밤을 새기도 하고, 잘 안 풀리는 문제를 해결하고 싶은 동기가 생긴다. 그리고 시간을 들여 고민하던 문제를 어느 순간에 해결하면 엄청난 희열감을 느끼기도 한다. 이렇게 개발이 재미있어야 지속해서 공부할 수 있고 꾸준하게 성장할 수 있다.

━━● 정리하기 ●━━

1 시행착오를 줄이는 개발 공부 방법에는 다음 9가지가 있다. 내가 직접 경험하고 정리한 내용이니 자신에게 맞는 방법을 찾아 활용하길 바란다.

- 개발 공부에 적합한 방법으로 접근하기
- 모든 것을 알아야 한다는 집착 내려놓기
- 처음부터 못한다고 한계 짓지 말기
- 문법을 모를 때는 빈 파일에 직접 코드 쳐 보기
- 모르는 영어 단어는 반드시 찾아보고 외우기
- 동작 방식은 손으로 그려 보기
- 단계별로 최대한 쪼개서 생각하기
- 사소한 것에 영향받지 말고 멘탈 관리하기
- 목표를 높게 잡지 말고 재미에 집중하기

10장

학습 자료 소개

코딩 강의 사이트

개발자가 되기로 결심하고 공부 자료를 찾다 보면 그 양이 너무 방대해서 오히려 올바른 판단을 내리기 힘들 수 있다. 이 장에서는 이러한 자료 중에서 여러분에게 도움이 될 만한 정보와 링크를 소개하겠다.

자료는 불필요하거나 쓸데없는 정보는 제외하고 엄선한 것만 추려서 소개한다. 이미 많은 자료를 가진 분에게는 도움이 되지 않을 수 있지만 초심자에게는 도움이 될 만한 정보다.

먼저 코딩 강의 사이트다. 코딩을 처음 공부할 때 이 사이트들을 알고 있으면 초기에 공부 방향을 설정하는 데 도움이 많이 된다.

인프런

국내 코딩/개발 관련 강의 사이트 중 가장 큰 규모를 자랑한다. 회원 수로만 보아도 무려 100만 명(2023년 2월 기준)을 보유해 국내 최대 규모다.

또한 인프런은 서비스하는 강의의 종류도 가장 많다. 개발 분야 중 강의가 없는 분야를 찾기 힘들 정도로 프론트엔드, 백엔드, 크로스 플랫폼, 앱 개발, 알고리즘, 운영체제 등 다수의 강의가 있다. 오픈 플랫폼으로 운영되므로 누구든 강사가 될 수도 있고 학생이 될 수도 있다.

인프런의 대표 강사로는 백엔드 자바-스프링 분야에서 활동 중인 배달의민족 CTO 김영한 강사가 있다. 백엔드를 공부한다면 김영한 강사의 강의를 추천한다.

- **인프런**: inflearn.com

유데미

해외 코딩/개발 관련 강의 사이트 중 가장 큰 규모다. 오픈 플랫폼으로 운영되므로 누구나 강사가 될 수 있어 강의 수가 어마어마하다. 영어로 된 강의가 많지만, 크롬 확장 기능을 설치하면 한국어 자막으로 보는 것도 가능하다. 국내에서 다루지 않는 부분에 대한 강의도 많으므로 국내에 볼 만한 강의가 없을 때 참고하면 좋다.

- **유데미**: udemy.com

코딩애플

코딩애플은 프론트엔드 분야의 강의가 유명하다. 초심자를 위해 쉽게 가르치고 평가도 좋으므로 프론트엔드를 준비한다면 이 사이트를 가장 먼저 살펴보길 추천한다.

- **코딩애플**: codingapple.com

드림코딩

드림코딩도 프론트엔드 분야에 특화돼 있다. 중급, 심화 강의가 있어 기초 과정을 넘어선 분에게 추천한다. 프론트엔드 분야를 공부하는 예비 개발자가 많이 참고하는 사이트다.

- **드림코딩**: academy.dream-coding.com

노마드 코더

노마드 코더는 풀스택 개발자 과정에 특화돼 있다. 프론트엔드부터 백엔드까지 전체를 아우르며, 클론 코딩 강의가 여러 종류 있어서 참고하기 좋다.

- **노마드 코더**: nomadcoders.co

에드위드

에드위드는 네이버 커넥트 재단에서 운영하는 사이트다. 에드위드는 누구나 강의를 개설하여 운영할 수 있는 플랫폼을 제공한다. 강의 개설자는 강의를 비공개로 개설하여 자체적으로 운영할 수 있고 운영자와 협의하여 공개적으로 운영할 수도 있다. 우수 대학 강의도 있어서 여러 대학의 강의를 들을 수 있다.

- **에드위드**: edwith.org

부스트코스

부스트코스도 네이버 커넥트 재단에서 운영하는 사이트다. 부스트코스는 대학 강의 외에 비영리 소프트웨어 온라인 교육 플랫폼을 지향하며 AI, 프론트엔드, 백엔드, 풀스택, 모바일 등의 강의를 무료로 제공한다. 특히 다른 강의 사이트에서는 유료로 들어야 하는 인공지능과 데이터 사이언스 관련 무료 강의가 많다. 데이터 분야를 공부하는 분이라면 부스트코스를 참고해도 좋다.

- **부스트코스**: boostcourse.org

개발자 양성
무료 아카데미

정부나 지방 자치 단체, IT 기업에서 운영하는 무료 아카데미도 있다.

청년취업사관학교 새싹

새싹은 서울시와 서울경제진흥원에서 소프트웨어 분야 인재 양성을 위해 운영하는 교육 프로그램으로 온/오프라인 교육을 무료로 받을 수 있다. 다만, 서울시 거주자여야 한다.

- **청년취업사관학교 새싹**: sesac.seoul.kr

삼성 청년 SW 아카데미

삼성이 주관하고 고용노동부가 후원하는 무료 교육 프로그램이다. 일명 '사피SSAFY'라고 부른다. 연 2,000명 정도를 선발해 소프트웨어 교육을 하고 월 100만 원 상당 교육지원금을 제공한다.

- **삼성 청년 SW 아카데미**: ssafy.com

42 SEOUL

소프트웨어 인재 양성을 목적으로 정부가 설립한 이노베이션 아카데미에서 운영하는 프로그램이다. 연 400명 정도를 선발해 소프트웨어 교육을 하고 월 100만 원 상당 교육지원금을 제공한다.

- **42 SEOUL**: 42seoul.kr

우아한테크코스

우아한형제들(배달의민족)에서 운영하는 무료 교육 과정이다. 백엔드, 프론트엔드, 모바일(안드로이드) 3가지 과정 중에 하나를 선택할 수 있다. 연 150명 내외 인원을 선발한다.

- **우아한테크코스**: woowacourse.github.io

애플 디벨로퍼 아카데미

애플에서 직접 운영하는 교육 과정이다. iOS 개발자 교육을 위주로 운영하며, 포항에서 9개월 동안 교육 과정이 진행된다. 연 200명 내외 인원을 선발하고 맥북 등 애플 기기도 빌려준다.

- **애플 디벨로퍼 아카데미**: developeracademy.postech.ac.kr

부트캠프와 국비지원 학원

국내 유명 부트캠프

부트캠프를 검색해 봤다면 한 번쯤 들어봤을 법한 유명한 국내 부트캠프 사이트들이다. 각 부트캠프별로 오프라인, 온라인으로 진행하기도 하고 교육 과정과 기간도 다르니 본인의 상황에 맞게 잘 선택해야 한다. 부트캠프는 예습을 통해 충분히 기본기가 갖춰진 상태에서 프로젝트를 경험할 목적으로 고려해 보는 것이 좋다.

- **코드스쿼드**: codesquad.kr
- **위코드**: wecode.co.kr
- **패스트캠퍼스**: fastcampus.co.kr
- **제로베이스**: zero-base.co.kr
- **코드스테이츠**: codestates.com
- **바닐라 코딩**: vanillacoding.co
- **스파르타코딩클럽(항해99)**: hanghae99.spartacodingclub.kr

참고로 부트텐트에 가면 국내 온/오프라인 부트캠프의 개강일자, 기간, 비용, 장소 등을 한눈에 확인할 수 있다. 부트캠프에 참여해 공부하는 것이 본인에게 맞다고 생각하면 이곳에서 비교, 검색해 보면 된다.

- **부트텐트**: boottent.sayun.studio

직업훈련포털

직업훈련포털에서는 국비지원 사업으로 받을 수 있는 교육을 검색해 볼 수 있다. 'K-디지털 아카데미 → K-디지털 트레이닝' 메뉴에서 원하는 조건을 입력하고 검색하면 개설된 과정을 찾아볼 수 있다.

- **직업훈련포털**: hrd.go.kr

▼ **그림 10-1** 국비지원 훈련 과정 검색(K-디지털 트레이닝)

K-디지털 트레이닝

국비지원 학원은 실제로 모든 직업군을 포함하는 개념이지만 K-디지털 트레이닝은 개발 분야와 관련한 AI, 빅데이터, 핀테크, 클라우드 등의 디지털 교육을 특정해 일컫는다. 내일배움카드를 이용해 오프라인, 온라인 학원비를 지원해 주므로 HRD-Net 홈페이지(hrd.go.kr)를 통해 내일배움카드를 발급받고 수강 신청하면 된다.

개발자 커뮤니티 OKKY

OKKY는 국내 개발자 커뮤니티 중 가장 큰 규모를 자랑한다. OKKY 외에도 다른 개발 커뮤니티가 있긴 하나 OKKY가 유일무이하다고 봐도 무방할 정도로 많은 개발자가 모여 활발하게 활동한다. 보통 개발 관련 일상을 공유하고 질의응답, 진로 관련 상담, 팀 프로젝트 등의 정보를 얻을 수 있다. 각종 부트캠프 및 국비지원 학원에 대한 정보도 올라오니 참고하면 좋다.

- **OKKY**: okky.kr

개발 관련 유튜브 채널

이 절에서는 참고하기 좋은 개발 관련 유튜브 채널을 소개한다. 개발 용어를 쉽게 풀어서 이야기하거나 개발에 관련한 유용한 정보를 소개하는 채널이다.

노마드 코더

코딩 관련 어려운 주제들을 짧은 영상으로 쉽게 설명해 준다. 코딩과 관련한 기본 지식을 익히기 좋다.

- **노마드 코더**: youtube.com/@nomadcoders

드림코딩

코딩 관련 여러 주제들을 다룬다. 깃허브, 웹 개발 로드맵 등을 접할 수 있으며, 특히 프론트엔드 개발자에게 도움이 되는 콘텐츠들이 많다.

- **드림코딩**: youtube.com/@dream-coding

코딩애플

코딩애플 강의 사이트에서 운영하는 유튜브다. 프론트엔드 개발자에게 도움이 되는 콘텐츠가 많으며 자바스크립트 무료 강의도 공개돼 있다.

- **코딩애플**: youtube.com/@codingapple

얄팍한 코딩사전

그림과 도식들을 활용해 일반인도 이해하기 쉬운 영상을 제공한다.

- **얄팍한 코딩사전**: youtube.com/@yalco-coding

나도코딩

C 언어, 파이썬, 파이썬을 활용한 프로젝트 등 무료 강의가 공개돼 있다. 기타 코딩 관련 유용한 콘텐츠가 많으므로 참고하기 좋다.

- **나도코딩**: youtube.com/@nadocoding

코딩하는거니

코딩과 실생활을 연결해 여러 재미있는 주제로 이야기한다. C 언어 관련 무료 강의가 공개돼 있다.

- **코딩하는거니**: youtube.com/@gunnycoding

CS 참고 자료

크래시코스의 컴퓨터 과학

미국의 교육 전문 유튜브 채널로, 크래시코스CrashCourse는 우리말로 '단기 집중 과정'을 뜻한다. 과학, 수학, 역사 등 다양한 주제를 다루는데, 이 중에서 컴퓨터 과학Computer Science 재생 목록에 들어가면 기본적인 컴퓨터 과학 과정을 짧은 영상으로 소개하므로 컴퓨터 동작 원리, 프로그래밍 기본 원리 등을 배우기 좋다. 유튜브에서 한국어 자막을 기능을 제공하므로 어렵지 않게 볼 수 있다.

- **크래시코스의 컴퓨터 과학**: youtu.be/tpIctyqH29Q

모두를 위한 컴퓨터 과학(CS50)

하버드 대학교의 컴퓨터 과학 과정이다. 기본적인 컴퓨터 동작 원리 및 프로그래밍에 관해 소개하며 cs50.edx.org 사이트에 가면 교육 과정 원본을 볼 수 있다. 영어라서 보기 힘들다면 한국어 자막으로 볼 수 있는 방법도 있다. 네이버 부스트코스에서 해당 과정을 한국어 자막으로 제공하므로 이를 이용하기 바란다.

- **모두를 위한 컴퓨터 과학(CS50)**: cs50.edx.org
- **CS50 한국어 자막**: boostcourse.org/cs112

운영체제 공개 강의

이화여대의 반효경 교수의 운영체제 공개 강의다. 쉽게 잘 가르치는 강의로 정평이 나 있다. KOCW 사이트에 들어가서 '운영체제'로 검색해도 된다.

- **KOCW**: kocw.net
- **운영체제 공개 강의**: kocw.net/home/cview.do?cid=3646706b4347ef09

개발 관련 추천 도서

이 절에서는 평생 개발자로 살아가기 위해 한 번쯤 읽어보면 좋을 만한 도서를 추천한다. 지금 당장 읽어 보라는 뜻은 아니다. 개발자로 취업한 후 시간 여유가 생겼을 때 읽어도 좋다. 앞으로 좋은 개발자로 성장하는 데 도움이 될 것이다.

클린 코드(로버트 C. 마틴)

좋은 코드와 나쁜 코드를 구별하는 여러 방법과 코드의 가독성을 높이는 방법을 소개한다. 이 책은 필요할 때마다 필요한 내용을 찾아보는 사전처럼 활용하는 것이 좋다.

리팩터링(마틴 파울러)

변수 이름 바꾸기, 함수 쪼개서 관련 있는 함수끼리 묶어 클래스화하기 등 코드를 개선할 수 있는 구체적인 방법에 대해 제시한다. 코드를 깔끔하게 정리하고 유지보수가 쉬운 코드로 지속적인 변화를 추구하기 위해 한 번쯤 꼭 읽어 보면 좋다.

객체지향의 사실과 오해(조영호)

이 책은 지식을 전달하려는 목적보다 구체적인 코드를 통해 객체지향 프로그래밍에 대한 철학을 설명하는 도서다. 객체지향 프로그래밍이 중요 시하는 역할, 책임 관점을 여러 예시를 들어 설명한다.

오브젝트(조영호)

객체지향 패러다임에서 어떠한 기준 하에 적절한 객체의 역할을 정의하고 구현할 것인지를 제시해 주는 책이다.

함께 자라기(김창준)

이 책의 부제는 '애자일로 가는 길'이다. 저자는 연차가 중요한 요소가 아니고 어느 정도의 수준만 되면 이제부터 실제 경험이 중요한 요소라고 말한다. 그리고 개발자로서 성장하고 꾸준히 발전하기 위해 의도적 수련 이 필요하다고 한다. 업무를 하면서 빠른 피드백을 받고 지속해서 다시 교 정하면서 성장하는 '애자일 철학'이 필요하다는 것이다. 자기 발전을 통해 어떻게 꾸준히 성장할 수 있는 개발자가 될 수 있는지 여러 방법들을 제시 하는 책이다.

개발 관련 깃허브

고퀄리티 개발 콘텐츠 모음(한정수)

백엔드 개발자인 한정수 님이 운영하는 깃허브 링크다. 개발자가 어떻게 꾸준히 성장할 수 있는지 개발 방법론, 공부 방법론 등 인터넷에 공유된 개발 관련 여러 콘텐츠 링크를 꾸준히 모아서 공유 중이다. 백엔드, 프론트엔드 학습 관련 글도 잘 정리돼 있으니 참고하면 좋다.

- **개발 콘텐츠 모음**: github.com/Integerous/goQuality-dev-contents

프론트엔드 개발자 TIL(진유림)

토스(비바리퍼블리카)의 프론트엔드 개발자인 진유림 님이 정리한 TIL 깃허브 링크다. 개발 공부를 하면서, 프론트엔드 개발자로서 TIL을 어떻게 정리하면 좋을지 방향을 정하는 데 도움이 된다.

- **프론트엔드 개발자 TIL**: milooy.github.io/TIL

백엔드 개발자 TIL(김남윤)

 자바–스프링 백엔드 개발자인 김남윤 님이 정리한 TIL 깃허브 링크다. 백엔드 개발자로서 TIL을 어떻게 정리해야 할지 방향을 정하는 데 도움이 된다. 개발 도서와 CS, 자바, 코틀린, 네트워크, 객체지향 프로그래밍 등 여러 내용이 있으므로 참고하기 좋다.

- **백엔드 개발자 TIL**: github.com/cheese10yun/TIL

모바일 개발 정보

앱 개발자가 목표라면 이번에 소개하는 사이트를 참고하면 좋다. 강의를 들을 수 있는 강의 사이트와 각종 업계 정보를 얻을 수 있는 사이트를 소개한다.

안드로이드 개발

- **코데코**: kodeco.com/android

  해외 안드로이드 강의 사이트. 중급/심화 강의가 제공돼 현직 개발자도 많이 수강한다.

- **유다시티 안드로이드 강의**: udacity.com/courses/all?skill=Android

  미국의 온라인 교육 기관인 유다시티의 안드로이드 강의

- **마스터Q&A**: masterqna.com/android

  안드로이드 개발자 커뮤니티

- **안드로이드펍**: androidpub.com/devgroup

  안드로이드 개발자 커뮤니티

- **홍드로이드**: youtube.com/@hongdroid94

  안드로이드 강의 유튜브 채널

- **안드로이드 개발 정보**: sunphiz.me/wp/archives/1567

  안드로이드 개발자 관련 정보 모음

- **안드로이드 개발자 학습 로드맵**: youtu.be/UUtqFUZEw_s

  안드로이드 개발자에게 학습 순서와 공부 방향을 안내하는 유튜브 영상

iOS 개발

- **코데코**: kodeco.com/ios

  해외 iOS 강의 사이트. 중급/심화 강의가 제공돼 현직 개발자도 많이 수강한다.

- **야곰닷넷**: yagom.net

  iOS 개발자 커뮤니티

- **KxCoding(kx코딩)**: kxcoding.com

  iOS 강의 및 개발자 커뮤니티

- **iOS 강의 모음**: github.com/ClintJang/awesome-swift-korean-lecture

  iOS 개발 강의를 모아 둔 깃허브

- **개발하는 정대리**: youtube.com/@dev_jeongdaeri

  iOS 앱 개발 강의

- **iOS 개발자 학습 로드맵**: youtu.be/9XjpfW8U3P4

  iOS 개발자에게 학습 순서와 공부 방향을 안내하는 유튜브 영상

개발자가
되고 싶습니다

5부

마지막으로
당부의 말

11장 • **취업 전후 업무, 경력 관리**

취업 전후
업무, 경력 관리

회사 선택과 멘토 찾기

지속해서 성장할 수 있는 회사 찾기

이제 막 신입 개발자가 되려는 사람이 어떤 회사를 선택해야 하는지 물어보면, 나는 항상 지금 당장의 연봉보다는 '개발자로서 지속해서 성장할 수 있는 환경이 가장 중요하다'고 말한다. 그 판단의 기준은 다음과 같다.

1. 팀에 나 외에 선임이 있는가?
2. 그 회사가 지속해서 새로운 기술에 관심이 있는가?
3. 기능을 지속해서 개발하고 새로운 사업을 시도하는 회사인가?(유지보수 업무보다 신규 개발이 주인 회사)
4. IT 기술을 근간으로 하는 곳인가?(영업이나 서비스보다 기술이 주인 회사)
5. 코드 리뷰 시간 등 회사 나름의 개발 문화를 가지고 있는가?

이 5가지 기준을 보고 종합적으로 판단하라. 물론 앞에서 나열한 모든 조건을 만족하지 못할 수 있다. 그래도 이런 기준들을 고려해 보면 본인이 지속해서 개발자로 성장할 수 있는 환경인지 아닌지 가늠해 볼 수 있다.

굳이 팀원이 여러 명이 아니더라도, 같은 개발 분야에 최소한 1명 이상의 선임이 있어야 조금이라도 배울 수 있다. 그리고 회사의 입사 지원 공고문을 보면 어떤 기술을 쓰고 있는지도 충분히 파악할 수 있다. 조금 어려워 보이더라도 지금 당장의 편안함이나 돈보다는 장기적인 관점에서 생각하자. 실력이 있다면 연봉을 올리는 것은 개발 세계에서는 쉽다.

적극적으로 멘토 찾기

개발에 관해 조언해 줄 멘토가 있으면 좋다. 개발자 친구나 선후배 등 옆에서 도와줄 수 있는 사람이 한두 명 있으면 좋은데, 대부분 비전공자는 그런 지인이 있는 경우가 드물다. 그럴 때는 카카오톡 오픈 채팅방이나 개발자 커뮤니티 등을 활용해 나에게 조언해 줄 수 있는 멘토를 찾아보길 권한다. 실제로 찾아보면 어렵지 않게 멘토를 만날 수 있다.

개발자 커뮤니티에 질문이 올라오면 대답을 잘해 주는 현직자들을 볼수 있다. 그런 사람을 발견했다면 카카오톡 등 메신저 아이디나 이메일 주소를 물어보자. 후배들에게 좋은 이야기를 들려주고 싶어 하는 선배들이 많으니 '커피 한잔 사 드리면서 조언을 구하고 싶다'고 연락해 보자. 대부분 거절하지는 않는다. 이렇게 만나서 여러 조언을 구하고, 질문하고 좋은 인상을 남기다 보면 추후 이런 인연들이 어떻게 연결될지는 아무도 모른다. 아주 사소한 것들을 물어보면서 귀찮게 하지만 않는다면, 여러분에게 피가 되고 살이 되는 조언을 해 줄 것이다.

창피할 것 같더라도 그냥 한번 부딪혀 보라.

02

취업 후 1년 차 수준

학원에서 나와 함께 공부한 동기들은 이제 모두 개발자가 됐다. 우리는 학원에서 만났지만 대학 동기 이상으로 끈끈한 유대감으로 뭉쳐 여전히 잘 지내고 있다. 같은 업계에 있다 보니 정보 교류도 잦고 1년에 몇 차례 만나 많은 이야기를 나눈다.

학원 동기들은 취업한 후 4년이 지난 지금도 다들 잘 지내며 열심히 일하고 있다. 처음 취업한 회사에 여전히 다니는 친구도 있고, 벌써 몇 번 이직해서 첫 취업 대비 연봉을 2배 가까이 올린 비전공자 친구도 있다. '네카라쿠배'로 이직한 친구도 있고, 조그만 회사에서 개발 팀장을 하는 친구도 있다.

우리는 만나면 항상 학원에 다니던 시절을 회상하곤 한다. 그때는 뭐가 그렇게 어려워서 매일 "학원을 그만둘까?", "개발이 우리 적성이 아닌가 보다."라며 하소연했는지 이제는 웃으며 이야기한다. 어쨌든 우리 모두 마지막 팀 프로젝트까지 버텼기 때문에 개발자가 되어 '그때 그 시절'을 되돌아보며 이야기할 수 있게 됐다. 6개월은 생각보다 순식간에 지나간다. 또 취업이 어려워 보여도 '포기하지 않은 사람'은 모두 개발자가 된다.

취업 당시 선임 개발자가 없어 혼자 모든 개발을 맡았던 친구도 3명이나 되는데, 끝까지 잘 마무리해 무사히 앱을 출시했다. 다음은 동기들이

개발 1년 차 때 만든 앱인데, QR 코드를 찍으면 앱이 동작하는 영상을 볼
수 있다.

- **쇼핑몰 앱**: youtube.com/shorts/xRRswxvD24w

- **의료 정보 앱**: youtube.com/shorts/d9l8-VIommo

- **선물 송금 앱**: youtube.com/shorts/ws3PMJOojUk

▼ 그림 11-1 쇼핑몰 앱

▼ 그림 11-2 의료 정보 앱

▼ 그림 11-3 선물 송금 앱

앞에서 이야기했듯, 한때 우리는 개발자가 되지 못할 것이라고 생각했던 적도 있었다. 하지만 지금은 다들 개발자가 되어 각자 회사에서 일하며, 이런 결과물을 만들어 내며, 개발자로서의 삶에 만족하며 지낸다.

취업 후 업무 태도

안 된다고 말하지 않기

나는 개발자가 되기 전부터 수많은 개발자와 일했다. 개발자와 일하면서 가장 힘들었던 것은 무조건 안 된다고 하는 태도였다. 하지만 이제는 안다. 개발로 해결이 안 되는 문제는 없다는 것을. 해결이 안 되는 것이 아니라 능력이 그만큼 안 된다는 것을 감추려는 핑계임을 너무나도 잘 안다.

시간이 오래 걸릴 수는 있어도 개발을 통해 해결하지 못하는 문제는 없다. 그러니 무조건 안 된다고 말할 것이 아니라, 개발자가 아닌 사람이 들어도 이해할 수 있게 지금 당장 해결하지 못하는 이유를 구체적으로 설명해야 한다. 개발 구조(아키텍처)를 다시 짜야 하는 문제인지, 한 번도 다뤄 보지 않아서 어떤 방식으로 접근해야 하는지부터 알아봐야 하는 문제인지, 단기간에 해결하기는 어렵지만 시간 여유가 있다면 해결할 수 있는 문제인지 등을 명확하게 설명해야 한다.

개발자가 하는 일은 '개발'이기 전에 회사의 '업무'이자 '일'이다. 다른 부서와도 지속해서 협업해야 한다. 그렇기 때문에 자신의 일에 대해 잘 설명하며 서로 원활히 의사소통하고, 필요하면 상대방을 설득할 수도 있어야 한다.

당장 답변하지 못한다면, 일단 해결 방법을 찾기 위한 방향을 조사해 보고 나서 금방 해결되는 문제인지 아닌지 말해도 괜찮다. 한계를 짓기 전에 '개발에서 해결이 안 되는 문제는 없다'는 것을 먼저 생각하자. 우리는 개발자이고 문제를 해결하는 사람이라는 것을 절대 잊지 말자.

프로 의식 갖기

워크 앤 라이프 밸런스work and life balance, 줄여서 '워라밸'이라는 말이 있다. 일과 삶의 균형을 찾아 일도, 퇴근 후 삶도 중요하다는 의미로 사용하는 말이다.

그런데 일을 하다 보면 이 단어의 뜻을 악용하는 사람들을 심심치 않게 볼 수 있다. 자기 할 일은 제대로 하지 않으면서, 또 주어진 기한 내에 일을 다 끝내지 않으면서 워라밸이 중요하다고 퇴근해 버리는 정말 말도 안 되는 사람들이다.

절대 이런 태도로 일을 대해서는 안 된다. 제발 프로 의식을 갖자. 앞으로 직장인이 되면 직장인으로서의 평판이 일하는 동안 계속 따라다닌다. 취업했다고 해서 끝이 아니다. 주위에 있는 모든 사람이 여러분이 일하는 방식, 의사소통하는 방식까지 모든 것을 지켜보며 평가한다.

일을 잘하는 사람은 동료의 추천으로 이직 기회를 쉽게 얻을 수도 있다. 그것이 프로의 세계다. 일을 잘하는 사람은 어디서든 인정받고, 어디를 가서도 좋은 평가를 받는다. 특히 개발자는 동료의 소개나 추천으로 이직하는 일이 잦다. 잘하는 개발자가 드물고 업계가 좁아서 잘하는 개발자를 추천해 달라는 경우가 많기 때문이다. 따라서 일에 대한 자세도 중요하고, 책임감도 가져야 한다. 취업하고 나면 여러분은 더 이상 학생이 아니므로 냉정하게 평가받게 된다. 프로로서 일하라.

그리고 신입 개발자 시절인 1~3년 차에는 실력을 열심히 갈고 닦아야 한다. 사실 3년 차까지 여러 일을 경험해 보면 웬만한 일은 거의 해결할 수 있게 된다. 다만, 이 시기를 어떻게 보내는지에 따라 앞으로 개발자로서의 삶에 많은 것이 결정되기 때문에 정말 열심히 일해야 한다. 일도 하고, 퇴근 후 부족한 공부도 해서, 지속해서 성장한다면 평생 경쟁력 있는 개발자로 살아갈 수 있다.

더 넓은 시야 갖기

일하다 보면 자신의 업무 외에 다른 분야에는 관심조차 두지 않는 사람이 있다. 예를 들어 나는 앱 개발자라서 마케팅 부서에서 무엇을 하는지 전혀 관심이 없다는 개발자도 많다.

제발 이러지 말자. 만약 여러분이 앱 개발자라고 하더라도, 마케팅 부서에서 중점적으로 추구하는 일이 무엇인지 그 핵심을 파악하는 것이 자신의 업무에 큰 그림을 그리는 데 도움이 될 수 있다. 결국 개발자가 앱이라는 결과물을 만들면 그 앱을 최대한 많은 사람이 내려받아야지만 회사도 나도 성장할 수 있다. 최근에 앱과 웹 개발은 마케팅과 떼려야 뗄 수 없는 관계가 됐다. 사용자의 클릭과 기타 동작을 수집해 어떤 동선으로 움직이는지를 분석할 수도 있고, 이것들을 개발에서 잘 풀어내 역으로 마케팅에 활용할 수도 있다. 마케팅은 개발과 완전히 다른 업무가 아니라 점점 연관성이 높아지고 있다. 개발 분야에만 관심을 두기보다 회사와 조직이 더 잘되는 것에 관심을 두어야 한다.

이뿐만 아니라 다른 부서의 업무에도 관심을 기울이자. 그 가운데서 언을 수 있는 인사이트insight는 어쩌면 돈을 주고도 배우지 못하는 큰 가치일 수 있다. 평생 개발자로만 살 수도 있지만 이때 얻은 인사이트가 나중에 사업을 하거나 다른 분야의 개발로 꿈을 펼치게 될 때 나에게 큰 자산으로 돌아올 수 있다. 개발자만큼 자기 사업하기 쉬운 사람은 없다. 당장의 눈앞의 일만 보지 말고 더 멀리 바라보자.

취업 후 자기 계발

항상 '왜?'를 생각하기

개발자는 새로운 것을 학습하고 배우는 것을 게을리해서는 안 되는 전문직이다. 연차가 올라갈수록 경쟁력 있는 개발자가 되기 위해서는 다음과 같이 끊임없이 노력해야 한다.

- 새로운 기술을 학습한다.
- 기존 코드를 어떻게 리팩터링(refactoring, 결과의 변경 없이 코드의 구조를 조정하는 것)할 수 있을지 고민한다.
- 배포 과정을 단순화한다.
- 재사용성이 높고 유지보수하기 쉬운 새로운 아키텍처를 도입한다.
- 개발 분야마다 조금씩 차이는 있지만 자신의 프로젝트를 지속적으로 발전시키는 데 관심을 두며 나 자신을 성장시킨다.

그런데 현직 개발자를 접해 보면 크게 2가지 부류로 나뉜다. 끊임없이 노력해 매일매일 성장을 이뤄내는 사람과 자기 발전 없이 그냥 직업적인 개발자로 살아가는 사람이다. 비율로 따졌을 때는 후자 쪽이 더 높다.

현재 어느 정도 만족하는 연봉을 받는다고 해서 안주하며 사는 개발자를 많이 보았다. 이런 개발자는 3년 차, 5년 차, 7년 차가 된다고 해도 실력이 그다지 늘지 않는다. 개발 경험은 많을지 몰라도 자기가 짠 코드에 자신이 없고 효율적인 로직으로 설계됐는지 확신하지 못한다. 결과물을 어떻게든 만들 수는 있지만 이 코드가 올바른 로직인지, 올바른 구조인지, 유지보수나 재사용성을 고려한 설계인지 파악조차 하지 못한다. 이런 개발자에게 연차가 무슨 의미가 있을까? 경험은 적지만 어떤 업무든 센스 있게 잘하고 항상 자기 성장에 목말라 있어서 공부하는 것을 게을리하지 않는 소신 있는 1~2년 차 개발자보다 실질적인 지식 수준은 한참 못 미친다.

이런 악순환을 끊어내려면 항상 '왜' 그런 것인지 고민하는 것부터 출발하라. 그래서 코딩을 배우기 시작할 때부터 '왜 이렇게 동작하는지' 동작 구조와 원리를 생각하고 '왜?'를 붙여 보는 습관을 들이라고 조언한다.

객체지향 프로그래밍이 왜 생겨났는지, 효율적인 객체는 어떻게 설계하는 것인지, 스택과 힙의 메모리 구조는 어떤 차이가 있는지, 최근에 함수형 프로그래밍이 뜨는 이유는 무엇인지 등 근본적으로 왜 그런 차이가 발생하는지 작은 물음을 던져 보고 답을 고민하는 습관이 있어야 스스로 생각하는 개발자가 될 수 있다. 이렇게 생각하는 힘을 기르면 다음과 같이 스스로 의사결정을 하는 개발자가 될 수 있을 것이다.

"A 아키텍처의 장단점은 무엇이고, B 아키텍처의 장단점은 무엇인데, 우리 프로젝트에서는 중요하게 고려해야 하는 요소가 무엇이기 때문에 B 아키텍처가 더 맞는 선택이겠다!"

코드만 써 내려가는 사람이 아니라 문제를 해결하는 개발자가 되어야 무엇을 학습하든 그 과정을 즐길 수 있고 더 발전할 수 있다. 그러니 개발자로 취업하고 나서도 최소 3년까지는 많은 시간을 투자하길 바란다. 이 3년의 시간이 여러분에게 '개발자로서의 경쟁력'을 선물할 것이다.

이직에 도전하며 몸값 높이기

비전공자로 취업한 후 공부를 게을리하면서 '경쟁력 있는 개발자로 계속 먹고살 수 있을까? 곧 개발을 그만둬야 하는 것 아닌가?'를 고민하는 사람들도 종종 보았다. 자신이 꾸준히 한 노력도 없으면서 요행을 바라는 것인가? 의심이 들기도 한다.

절대 현재 위치에 안주해서는 안 된다. 특히 비전공자는 취업해도 전공자에 비해 많이 부족한 것은 아닌지 우려해 심리적으로 위축되기 쉽다. 그렇지만 큰 차이는 없다. 열심히 노력한다면 당연히 극복할 수 있다. 취업하고 나서 바로 이런 생각이 든다면 연차가 올라갈수록 더 심해질지도 모른다. 그래서 연차가 낮은 신입 시절에 이런 점들을 극복하기 위해 더 많이 노력해야 한다.

신입 개발자로 취업하고 1년이 안 됐어도 항상 이직을 준비하자. 이는 여러분이 개발자로서 긴장감을 항상 유지하는 데 좋은 동기가 된다. 연봉을 높이는 것, 복지가 좋은 회사에서 일하는 것, 같이 일하고 싶은 개발자가 많은 환경에서 함께 성장하면서 일하는 것, 출퇴근 시간이 오래 걸리지 않는 회사에서 일하는 것 등 어느 것이 동기가 되어도 괜찮다. 이직을 준비하고 실제 면접을 다시 보러 다니는 것은 자기 실력을 객관적으로 판단하는 데 긍정적인 긴장감을 유지해 준다. 또 면접을 보면 각 연차에 맞는 적절한 질문을 하기 때문에 자신의 부족한 점을 명확하게 알 수 있다.

이직에 도전하자. 실제로 1~3년 차에 이직하며 연봉을 몇 백만 원에서 몇 천만 원 더 올린 경우는 흔하다. 이직에 도전해야 안주하지 않고 자기 자신에게 계속 도전 과제를 내줄 수 있다.

네카라쿠배에 이직한 사례 소개

학원에서 만나 같이 공부한 비전공자 친구 중 한 명도 '네카라쿠배' 중 한 곳으로 이직했다. 이 친구도 학원에 다닐 때 나와 비슷하게 반에서 못 하는 축에 들었다. 같이 팀 프로젝트를 한 적도 있고 학원을 졸업하고 나서 취업한 후에도 여러 주제를 같이 공부하며 정말 친하게 지내고 있다.

이 친구는 30살에 학원에서 코딩 공부를 처음 시작했다. 학원 졸업 후 3개월 만에 취업했는데 첫 회사는 앱 서비스를 하는 중소 기업이었다. 회사는 큰 매출 분야가 따로 있고 신규 서비스로 앱 서비스를 계획했는데, 그곳에 개발자로 들어간 것이었다. 회사에서 iOS 앱 개발자가 본인뿐이라 어디 물어볼 곳도 없었다. 개발 팀장이 있긴 했지만 iOS가 팀장의 주요 개발 분야가 아니라서 거의 다 혼자서 개발하다시피 했다.

아무리 생각해도 이대로는 더 성장하기 어려울 것 같다고 판단했다. 그래서 퇴근 후와 주말을 이용해 사이드 프로젝트를 하고, 온라인 강의도 듣고 꾸준히 새로운 기술을 공부했다. 회사에 다닌 지 1년이 지난 후에는 반드시 네카라쿠배에 가겠다는 목표를 세우고 경력직 코딩 테스트도 준비했다. 10번 이상 이직 시도 끝에 결국 만 2년이 조금 지난 시점에 네카라쿠배 중 한 곳으로 이직에 성공했다.

첫 회사에서 신입으로 3천만 원 초반대 연봉을 받고 일을 시작했고, 능력을 인정받아 2년 차가 지나갈 때쯤에는 4천만 원 이상으로 연봉을 올렸다. 그리고 네카라쿠배로 이직하면서 한 번에 2천만 원 이상 올렸다.

10번 이상 시도했다면 누군가는 포기할 만도 하다. 그런데 이 친구는 여러 번 면접을 보면서 자신의 약점을 객관적으로 파악했고, 그것을 계속 보완해 더 발전한 모습으로 다음 기회에 도전했다. 그래서 결국 이직에 성공했다.

이 친구는 현재 회사 생활에 만족하며 더 성장하기 위해 새로운 기술을 공부 중이다. iOS 앱 개발이 아닌 다른 기술을 배우고 새로운 사이드 프로젝트를 하며 여전히 성장 중이다.

나는 이 친구와 같이 공부하고 면접을 준비하면서, 옆에서 그 과정을 모두 지켜봤다. 그래서 더 확신있게 말할 수 있다. 자기 자신을 믿고 노력하면 누구나 할 수 있다고!

동기 부여를 위해 행사에 참여하기

성장에 대한 갈증과 내적 동기가 부족하다면 개발 관련 콘퍼런스 같은 행사를 다니면서 지적 욕구를 자극해 보자. 회사에 다니면서 매일 비슷한 일만 하고, 비슷한 사람과 같이 있다 보면 새로운 기술을 학습하거나 새로운 분야를 탐색하는 일에 대한 관심이 떨어질 수밖에 없다.

국내에는 개발 분야별로 여러 행사가 있는데, IT 회사에서 개최하는 기술 관련 콘퍼런스가 대표적이다. 네이버, 카카오, 토스(비바리퍼블리카), 인프런 등에서 매해 개발 관련 콘퍼런스를 열고 있다. 이런 행사에 참여해서 새로운 기술에 관한 내용이나 연사의 성장 스토리를 들으면 자극이 많이 될 것이다.

콘퍼런스뿐만 아니라 개발 동아리에서 사이드 프로젝트를 해도 좋다. 카카오톡 오픈 채팅방에 들어가 관련 정보도 공유받자. 개발자는 새로운 개발자를 만나 자극을 받아야 한다. 그래야 본인이 지금 정체되고 있는지 아니면 경쟁력 있는 개발자로 성장하고 있는지 객관적으로 판단할 수 있다.

기본기에 충실하기

꾸준히 공부해야 한다는 것이 꼭 새로운 기술만 익혀야 한다는 뜻은 아니다. 비전공자이지만 주변에서 인정받으며 끊임없이 자기 발전을 하는 사람들을 보면 기본기가 탄탄하다는 인상을 받는다.

처음에 개발을 공부할 때는 구글에서 검색한 코드를 가져다가 동작하게 만들 수 있다. 그러나 그렇게 결과물을 만들었더라도 실제로 내부 구현이 제대로 됐다고 장담할 수 없다. 따라서 항상 왜 그렇게 동작하는지 생각해 봐야 하고 필요한 경우 이론적인 내용까지 추가로 학습해야 한다. 코드가 동작한다고 거기서 그치는 사람과 내부 동작 원리까지 파헤쳐 보며 제대로 이해하려고 애쓰는 사람 중 누구의 성장이 더 빠를까? 처음에는 당연히 후자가 느린 것처럼 보인다. 하지만 시간이 지나고 나면 후자가 전자보다 더 빠르며 훨씬 더 발전해 있다.

동작 원리가 이해될 때까지 고민하면 그 가운데서 여러 가지를 얻는다. 구조를 설계하는 대원칙을 고민해 보고, 잡다한 기술이 아니라 전체를 관통하는, 해당 분야에서 여러 문제를 해결하는 방식에 대해 사람들이 지금까지 고민해 오던 것이 무엇인지 깨닫게 된다.

어떤 문제는 한 가지 방식으로 해결되지 않을 때도 있다. C 언어에 존재하지 않던 개념인 객체지향 프로그래밍 패러다임이 등장하면서 해결된 문제가 있다. 최근에는 객체지향 프로그래밍에서 필연적으로 발생하는 문제를 함수형 프로그래밍 패러다임이 등장해 해결하고 있다. 물론 함수형 프로그래밍이 만능이라는 뜻이 아니다. 두 가지(객체지향 프로그래밍, 함수형 프로그래밍)를 잘 섞어 써야 우리가 원하는 방향으로 문제를 제대로 해결할 수 있다.

컴퓨터의 하드웨어도 지속적으로 발전해 와서 처리 속도가 엄청 빨라지고 가격도 저렴해졌다. 예를 들어, RAM(메인 메모리)이나 하드 디스크(보조 기억 장치)도 예전에 비하면 싼 가격에 구매할 수 있게 됐다. 분명 예전과는 다른 시대를 맞이하고 있다.

우리는 언제든지 새로운 시대에 걸맞은 문제를 마주하게 될 것이다. 새롭게 마주한 문제를 더 잘 풀기 위해 새로운 프로그래밍 언어도 등장하고, 새로운 방법을 고안해 더 효율적으로, 더 효과적으로 문제 해결 방법을 찾아낼 것이다.

우리는 개발자로서 문제 해결자가 되어야 한다. 문제를 정확하게 분석하고 해결 관점을 제시할 줄 알아야 한다. 언제나 어떤 상황에 맞닥뜨려도 완벽하게 해결할 수 있는 전지전능한 해결책은 없다. 따라서 내가 생각하는 관점을 제시할 수 있는 '생각할 수 있는 개발자'가 되어야 한다. 그래야 어떤 문제가 새롭게 등장하더라도 그 문제를 해결할 수 있다.

이런 해결자가 되려면 기본이 중요하다. 자신의 주 프로그래밍 언어의 문법을 잘 익혀야 하고, 프레임워크의 기본 내용과 동작 원리, 구조를 알아야 한다. 한발 더 나가서 CPU(중앙 처리 장치), RAM과 같은 컴퓨터 기본 구성 요소의 동작 방식을 이해해야 한다. 코딩은 컴퓨터가 일하는 방식을 프로그래밍 언어로 단순화해서 표현한 것이다. 아무리 이해하기 어려운 내용도 컴퓨터가 일하는 방식을 알면 쉽게 유추할 수 있다. 그래서 기본기가 탄탄한 개발자가 결국 복잡하고 어려운 내용도 단순화해서 생각하고 큰 흐름을 이해해 정확한 해결책을 제시할 수 있다.

새로운 기술에 목매기보다 기본을 중요시하는 개발자가 되자. 장기적으로 당신의 개발자 인생에 밑거름이 될 것이다.

마지막으로

개발자가 되기로 결심하고 이제 코딩 공부를 시작했거나 시작하기를 희망하는 분들에게 마지막으로 해 주고 싶은 말이 있다.

"이 말을 명심하라.
느리더라도 꾸준히 간다면 당신이 원하는 곳으로 갈 수 있을 것이다.
하지만 결과를 빨리 내기 위해서 당신 스스로에게 부담을 많이 준다면,
더 빨리 포기하게 될 수도 있다."

– 제니퍼 영(미국의 영화 제작자)

나는 비전공자에서 개발자로 취업한 수백 명의 취업 준비생을 지켜봤다. 그들이 개발자로 취업한 비결이 무엇이냐고 물어본다면 딱 한 가지라고 자신 있게 말할 수 있다. 이것저것에 흔들리지 않고 꾸준함을 유지했다고.

지속성, 꾸준함을 유지하는 것이 가장 어렵다. 실력이 늘지 않는 것 같아 중간에 좌절하는 마음이 들 수 있지만, 가장 중요한 것은 포기하지 않고 묵묵하게 자신을 믿고 될 때까지 하는 것이다.

그러니 절대 포기하지 말라고 말해 주고 싶다. 학원에서 하루하루 고통스러웠고, 괜히 개발자의 길을 선택한 것은 아닌가 수십 번을 고민한 나도

개발자가 됐다. 나도 됐다면, 여러분도 가능하다. 지금은 조금 힘들어 보여도 이 고난은 생각보다 금방 지나간다. 여러분도 충분히 개발자가 될 수 있다. 누구보다 개발을 재밌게 즐길 수 있는 수준에 도달할 수 있다.

내가 개발을 공부하기 전으로 돌아가서 다시 선택한다 해도 후회 없이 개발자의 길을 선택할 것이다. 여러분도 후회 없는 삶, 후회 없는 선택을 하길 바란다.

신념을 갖자. 신념이 강한 사람이 되자. 언젠가 개발자가 될 수 있다는 것을 확신하고 자기 자신을 믿고 가자. 신념이 약하면 내가 하는 일을 계속 의심하고 흔들릴 수밖에 없다. 지금도 어제보다 분명 실력이 나아지고 있고, 개발에 재미를 찾고 있으며, 모든 긍정적인 시그널이 여러분을 개발자의 길로 인도하고 있다. 신념이 부족하면 당장 눈앞에 보이는 결과가 없다는 것에 흔들리게 된다. 이 경우 중간에 포기하거나 마음이 약해져 공부를 안 하고 몇 달을 손에서 놓아버리는 일이 발생한다. 그래서는 절대 안 된다. 삼십대 중반이 넘는 나이에 코딩을 시작해 코딩이 적성에 안 맞는 걸까 수천 번 고민했던 나도 개발자가 됐으니, 여러분도 할 수 있다.

책을 마무리하며 본문에서 미처 다하지 못한 내 이야기를 하려 한다. 경영학을 전공한 내가 어떻게 개발을 공부하게 됐고 개발자가 되는 과정은 어떠했는지 치열했던 그때의 이야기를 꺼낸다.

개발을 공부하게 된 계기

중학교 시절, 아버지의 사업 실패로 가세가 기울었다. TV에서만 보던 빨간 딱지가 집 이곳저곳에 붙었다. 이 일은 나에게 돈에 대한 결핍, 돈에 대한 갈증이 생기게 했다.

이때부터 나의 목표는 항상 돈을 많이 버는 것이었다. 돈만 있다면 우리 가족 모두가 행복해질 수 있을 것만 같았다. 그래서 '경영학과'에 진학했다. 경영학과를 졸업하면 무조건 CEO가 되는 줄 알았고, 그러면 돈을 많이 버는 줄 알았다.

대학교에 입학한 후에는 돈에 대한 갈망과 결핍이 더 심해졌다. 중고등학교 때는 어려서 잘 몰랐지만, 대학교에서는 여러 지역에서 많은 사람이 모이다 보니 부자가 정말 많다는 것을 알게 됐다. 방학 때마다 해외여행을 가는 친구, 어학 연수를 가는 친구, 외제차를 몰고 다니는 친구, 자기 이름으로 된 아파트가 있는 친구까지.

그래서일까? 그런 친구들이 부모님 이야기를 할 때면 더 관심이 갔다.

'도대체 부모님이 어떤 일을 하길래
저렇게 돈을 많이 벌었을까?'

친구들의 부모님은 대부분 장사나 사업을 했다. 가게를 여러 개 운영하는 분도 있었고, 물건을 수입해 파는 분도 있었다.

지금이야 유튜브에 '돈 버는 법'을 검색해 보면 가지각색 사연을 접할 수 있지만 십수 년 전만 해도 쉽게 들을 수 있는 이야기는 아니었다. 이런 이야기를 들으며 세상에 돈 버는 방법이 정말 다양하다고 느꼈다. 나도 언젠가는 꼭 사업을 해서 돈을 많이 벌어야겠다는 생각을 자연스럽게 했다. 지금 돌이켜보면 원하는 것이 사업인지 돈을 많이 버는 것인지 방향성이 명확했던 것은 아니지만, 어쨌든 사업을 해야지만 돈을 많이 벌 수 있겠다는 생각은 분명했다. 그래서 대학 시절 이후로 삶의 궁극적인 목표는 늘 사업을 해서 돈을 많이 버는 것이었다.

그래서 사회생활을 시작한 후 창업하기까지 그리 오래 걸리지 않았다. 언젠가 사업할 거라고 늘 생각했기 때문에 첫 직장이었던 은행은 8개월 만에 그만두고, 나름 스카우트 제의를 받아 이직했던 중소 기업도 2년 만에 그만뒀다.

부푼 기대로 가득 찬 창업 그러나 현실은

첫 창업을 했던 2015년에는 인스타그램을 비롯해 현재 유니콘 기업이라 불리며 기업 가치를 1조 원 이상으로 평가받는 스타트업이 여럿 등장하던 시기였다. 누구나 스타트업을 하면 억만장자쯤은 쉽게 될 수 있을 것 같은 '스타트업 붐'이 일었다. 나 또한 앱 서비스를 출시하면 쉽게 부자가 될 수 있으리라 생각했다. 멋진 꿈과 비전을 바탕으로 서비스를 출시해 몇 년 만에 억만장자가 됐다는 창업 스토리를 실제 주변에서 심심치 않게 접할 수 있었다.

회사를 그만두면서 바로 창업 준비에 돌입했고, 사업 아이템을 찾아 여러 창업 커뮤니티를 돌아다녔다. 그때 스타트업 경험이 몇 차례 있던 형을 알게 됐고, 비전을 나누다가 친해져서 의기투합해 공동 창업을 했다.

하지만 창업은 녹록치 않았다. 외주로 만든 웹 페이지는 클릭만 하면 에러가 났고, 외주 개발자도 처음 몇 번은 고쳐 주다가 어느 순간부터는 연락이 되지 않았다. 우리는 웹 페이지가 완벽하게 돌아가지 않는 상태에서 서비스를 출시하는 것은 무리라고 판단하고, 모든 걸 백지화한 후 다시 개발자를 구하러 다녔다.

알고 있는 모든 창업 커뮤니티에 개발자 구인 공고를 냈고, 지인들이 소개해 준 개발자도 여럿 만나러 다녔다. 하지만 소득은 없었다. 우리 서비스에 공감하는 개발자는 거의 없었고 경력이 화려하거나 실력 있는 개발자는 더더욱 설득하기 어려웠다. 온라인 프리랜서 마켓에서 겨우 앱 개발자를 구할 수 있었다.

결국 웹이 아니라 앱 서비스부터 출시하기로 방향을 선회하고, 경력이 짧은 서버 개발자를 가까스로 설득해 서비스를 처음부터 다시 개발하기 시작했다.

이후에도 우여곡절이 많았다. 개발자들에게 최소한의 임금을 주고 후에 지분까지 주기로 약속했지만, 그것만 가지고 1년 이상 끌고가기에는 무리였다. 그동안 공동 창업자와 내가 모아 놓은 돈은 바닥나고 있었다. 그래서 우리는 낮에는 다른 스타트업에서 일하고 퇴근 후와 주말을 이용해 우리 서비스를 만들었다. 다른 스타트업에서 돈을 벌어 우리 사업에 다시 투입하는 일을 1년 이상 지속했다. 그러다 엎친 데 덮친 격으로 서버 개발자가 그만뒀다. 우리는 또 기약 없이 개발자를 구하러 다니느라 시간을 썼고, 첫 앱을 출시하는 데만 2년 정도 걸렸다.

까짓것 그냥 내가 배워서 하지 뭐

다행히도 서비스를 출시할 즈음 정부지원금을 받고 해외 진출을 할 수 있게 도와주는 프로그램에도 선정됐다. 희망 가득한 스타트업 라이프가 이어질 것 같았지만, 나는 앱을 출시하기 바로 직전에 공동 창업했던 팀에서 나왔다. 그동안 스타트업 바닥에서 경험을 쌓으며 어떤 서비스가 성공하는지를 직간접적으로 체험하게 되니 준비한 서비스가 성공할 수 없을 것 같다는 생각이 강하게 들었다.

그렇다고 사업에 대한 꿈을 완전히 접은 것은 아니었다. 창업 경험을 토대로 새로운 서비스 기획에 착수했다. 다른 스타트업에서 일하던 상황이어서 퇴근 후와 주말을 이용해 계속 스타트업의 꿈을 키웠다.

그렇게 새로운 서비스를 고민하고 기획하는 데 1년여의 시간이 흘렀고, 나름 확신이 들었다. 다만 가진 돈이 거의 없었기 때문에 이번에는 개발을 직접 배워 다시 창업해야겠다는 말도 안 되는 계획을 세웠다.

사실 서비스를 2번 런칭하면서 개발자들과 오랜 시간 같이 일했지만 개발자를 신뢰하지 못한 점이 개발을 직접 배워야겠다고 결심하는 데 큰 역할을 했다. 물론 좋은 개발자를 만나지 못한 내 능력 탓도 있을 것이다. 하지만 내가 만난 개발자들은 항상 "그건 안 된다, 불가능하다."라고 말하기 일쑤였고, 어떤 경우에는 되지 않는 이유도 설명해 주지 않았다. 시니어 개발자가 전체 구조를 바꿔야 해서 절대 안 된다고 주장하던 일을 신입 개발자가 30분 만에 해결해 준 적도 있었다. 그 이후론 개발자들이 '안 된다'는 말을 먼저 내뱉을 때는 도무지 신뢰가 가지 않았다.

그래서 직접 개발을 배우기 전까지 개발자에 대한 인식이 좋은 편이 아니었다. '더 깊게 고민해 보지 않고 항상 안 된다는 말을 먼저 하는 사람', '끈기 있게 매달려서 될 때까지 해 보지 않는 사람', '항상 자신의 연봉이 최우선인 사람', '워라밸만 챙기며 중요한 일이 있건 없건 본인의 이득만 챙기는 사람' 정도가 내가 바라보는 개발자에 대한 인식이었다.

물론 모든 개발자가 다 그렇다는 것은 아니다. 스타트업을 창업하면서 경험한 것을 토대로 본 소수의 개발자가 그렇다는 것이지 모든 개발자를 비난하려는 것은 아니다(물론 그렇지 않은 개발자가 더 많다). 어쨌든 개발자에 대한 부정적 인식이 내가 개발을 공부하게 된 계기 중 하나가 됐던 것은 분명하다.

'더러워서 못 해 먹겠네. 까짓것 그냥 내가 배워서 하지 뭐.'

누가 봐도 멋진 앱 서비스를 출시해서 돈을 벌고 싶은데 돈을 벌기 위해서는 돈이 필요하고, 나를 대신해서 개발해 줄 사람은 없으니 그냥 내가 해 보기로 한 것이다. 생각했던 아이템이 잘 안 되더라도 개발할 줄 알면 언제든 다시 창업에 도전하거나 최소한 개발자로 취업할 수 있는 강력한 무기가 생긴다고 생각하니 한 치의 망설임도 없었다.

시행착오와 깨달음

개발을 공부하기로 결심한 후 무료인 국비지원 학원부터 업계에서 유명하다는 사설 학원까지 여러 학원을 알아봤다. 앱 개발을 배우는 것이 목표였는데 선택지가 그리 많지는 않았다. 그나마 마음에 드는 커리큘럼을 가진 학원에 등록했고, 다니던 스타트업을 그만둔 바로 다음 날 학원으로 향했다.

그렇게 2019년 3월부터 8월까지 6개월 과정의 iSO 앱 개발자 과정을 수료했다. 당시 수강료는 600만 원 수준이었다(그때는 엄청 비싸다고 생각했는데 요즘 시세와 비교해 보면 꽤나 합리적이라는 생각이 든다. 현재 일반적인 6개월 개발자 과정은 이보다 훨씬 비싼 경우도 많다).

공부를 시작할 당시 이미 서른 중반이 넘은 나이였고, 어떻게든 다시 창업해 내 서비스를 만들 수 있는 마지막 기회라고 생각했다. 누구보다 아침 일찍, 가장 먼저 학원에 가서 학원이 문을 닫을 때까지 공부하다 집에 돌아오기를 반복했다. 그렇게 오전 9시에 가서 막차 끊기기 전까지 공부하는 생활을 6개월간 했다. 공부가 부족하다고 느낄 때는 집에 와서도 새벽까지 공부하는 날이 많았다. 학원에 다닌 6개월을 통틀어 고작 며칠을 제외하곤 대부분 공부만 하면서 지냈다.

학원에 다닌 기간은 프로그래밍 언어(문법)를 배운 초반 3주를 제외하고는 대부분 고역이었다. 6개월 과정 중 4개월은 기본 이론을 배웠고 마지막 2개월은 팀 프로젝트를 진행했는데, 전체적인 과정 자체가 초심자인 내가 따라가기에는 무리였다. 진도가 빨라도 너무 빨랐고, 이해가 안 된 상태에서 계속 새로운 내용을 배우다 보니 수업 내용을 대부분 이해하지 못한 채 끌려가다가 6개월이 지나갔다.

학원에 다니면서 수없는 고민으로 방황했다.

'괜히 개발 공부를 시작했나?'

'개발이 원래 이렇게 어려운 건가? 왜 이해가 안 될까?'

'강사가 못 가르치는 건가? 내 머리가 나쁜 건가?'

'학원을 그만두고 독학하는 게 나을까?'

'나는 개발 체질이 아닌가? 내 적성과는 맞지 않는 공부였나?'

'개발을 공부하기로 한 것 자체가 잘못이었나?'

개발을 공부할 때 누구나 이런 고민을 한다고 누누이 들었지만, 내가 당사자가 되어 겪어 보니 힘들어도 너무 힘들었다. 나이는 먹을 만큼 먹었고 (학원에서 강사보다 나이가 많은, 최고령자였다), 꿈을 위해 모든 걸 내려놓고 처음부터 시작하려고 학원에 다니는데 꿈이 좌절되는 것 같아 심리적 압박이 심했다.

매달 시험을 볼 때마다 하위권에서 맴돌았다. 코딩을 못했을 뿐만 아니라 배운 내용을 거의 이해하지 못했다. 돈을 냈으니 어쩔 수 없이 자리를 지키고 있는 느낌이었다. 학원에 다닌 지 4개월이 지난 시점에도 여전히 나는 아무것도 만들 수 없겠다고 생각했다. 그리고 마지막 2개월 과정의 팀 프로젝트를 앞두고 다른 사람들에게 피해를 줄까 봐 학원을 그만둬야 하나 심각하게 고민했다. 다행히 팀원들이 옆에서 도와줄 테니 남은 2개월 동안 끝까지 같이 해 보자고 응원해 준 덕분에 모든 과정을 무사히 마칠 수 있었다. 물론 끝까지 버텼다는 것이지, 내가 무언가 잘 만들어 낼 실력이 됐다는 것은 결코 아니다.

학원에 다니는 동안 힘들어 했던 사람은 나뿐만 아니었다. 전공자를 제외한 대부분은 나와 비슷한 상황이었고, 심지어 공부하다가 눈물을 보이는 친구도 몇몇 있있다. 개설된 전체 과정 중에 내가 수강했던 앱 과정 이외에 프론트엔드, 백엔드 과정에서도 수강생의 25% 정도는 학원을 그만뒀다.

과정을 수료한 후에도 원하는 앱을 만들 수준까지 가기 위해 공부를 계속했다. 처음 배울 때 이해하지 못하고 무작정 베꼈던 코드를 복습하고 다시 공부했다. 그리고 개발 관련 여러 인터넷 강의 사이트에서 모자란 부분을 채우기 위해 추가로 강의를 듣기도 했다.

이렇게 공부하다 보니 예전에 그렇게 어렵던 코드들이 조금씩 이해되기 시작했다. 팀 프로젝트라는 큰 산을 지나며 개발의 한 사이클을 경험해서 코딩에 조금씩 재미가 붙은 것 같았다. 또한, 내가 무엇이 부족한지도 알았기 때문에 공부가 조금씩 수월해졌다.

어느 정도 개발에 대해 큰 그림이 그려지니 두려움이 덜해지고, 진도에 대한 압박이 없으니 훨씬 편안한 마음으로 독학할 수 있었다. 물론, 학원 과정을 마친 후에도 꽤 오랜 시간 공부해야만 했다.

나도 누군가를 가르치게 됐다

학원을 졸업한 후 독학하며 틈틈이 다시 창업하려던 아이템을 개발했다. 다시 창업하고 사업계획서도 썼다. 새 사업은 정부지원금을 받아 시작할 수밖에 없는 상황이라 이것저것 준비했는데, 결국 정부지원금을 못 받게 됐다.

생계를 유지하기 위해 어쩔 수 없이 이것저것 알아보다 우연하게 개발 과외를 하게 됐다. 최선을 다해 가르쳤고, 내가 가르쳤던 친구가 iOS 개발자로 취업하게 됐다. 인프런에 내 첫 강의도 출시했다.

그 후 몇 명의 코딩 그룹 과외를 하고, 유명한 분이 운영하는 iOS 부트캠프에 강사로 초빙돼 강의도 했다. 그리고 지금은 이런 경험을 살려 내 이름을 내건 iOS 개발 부트캠프를 만들어 운영 중이다.

내 수업에서는 그동안 공부하며 스스로 깨달은 컴퓨터 동작 방식과 메모리 구조를 프로그래밍 언어(문법)와 연결해 설명한다. 그래서 일반적인 문법 수업과는 좀 다른 면이 있다. 어쨌든 모든 동작 원리를 잘 풀어서 직관적으로 이해하기 쉽게 설명하기 때문에 기본기가 부족하다고 생각하는 5~10년 차의 현직 수강자도 많다. 이런 고연차 개발자들에게 모르던 내용을 세부적으로 더 잘 알게 되어서 감사하다는 인사도 많이 받았다. 내수업은 지금까지 누적 수강생이 800여 명에 이르고 있으며, 그렇게 가르친 수백 명이 신입 개발자로 취업했다. 또 1~2년 차 신입 개발자가 내 강의를 듣고 네카라쿠배로 이직한 경우도 꽤 있다.

내가 뛰어난 개발자라서 이런 일들을 하고 있는 것은 절대 아니다. 나는 비전공자로 시작해 학원에 다니면서 많은 시행착오를 겪었고 그 후에는 다시 강의, 책, 유튜브, 블로그 등으로 독학하며 기본기부터 다시 쌓았다. CS 전공 지식과 컴퓨터 구조 등에 대한 내용도 모두 섭렵했다. 단순하게 피상적으로 공부한 것이 아니라 이해가 될 때까지 파고 또 팠다. 나는 그 누구보다 더 많은 시행착오를 겪었기 때문에 처음 시작하는 분들에게 방향을 제시해 줄 수 있다고 생각한다.

다시 한번 말하지만 내가 어려운 내용을 알고 있는 것이 아니라, 알고 있어야 하는 기본 내용을 남들보다 조금 더 정확하게 알고 있는 것뿐이다. 정확하게 알고 있으니 더 쉽게 풀어서 설명할 수 있다. 그래서 내 강의는 인프런 스위프트, iOS 개발 분야에서 인기 강의가 됐다. 지난 1년 반 동안 누적 평점도 별점 5점 만점이다.

이제는 코딩을 처음 공부하는 사람에게 개발을 가르치는 나도, 그 시작은 너무나 힘들었다. 하지만 지금은 "코딩은 결코 어려운 것이 아니다."라고 말한다. 아마 코딩이 어렵다고 생각한다면 그건 지금 듣고 있는 강의 질이 낮아서 그럴 확률이 높다. 여러분이 이상한 것이 아니다. 나에게 잘안 맞으면 더 쉽게 가르치는 다른 강의를 찾아보면 된다. 선택지는 얼마든지 있다.

개발 공부는 그동안 공부한 것과 조금 다른 방식으로 해야 해서 시행착오를 조금 겪고 있을 뿐, 여러분이 부족한 것이 아니다. 그렇기 때문에 쉽게 포기해선 안 된다. 일정 시간 이상 공부해야 한다는 마음가짐으로 꾸준하게 한발 한발 가야 한다.

언젠가 개발을 즐기게 될 것이다

앨런 Swift문법 마스터 스쿨(온라인 BootCamp-2개월 과정)은 내가 운영 중인 '스위프트 문법 + iOS 앱 개발' 과정이다.

- **앨런 Swift문법 마스터 스쿨**: inf.run/WZDa

▼ 내 이름을 건 부트캠프

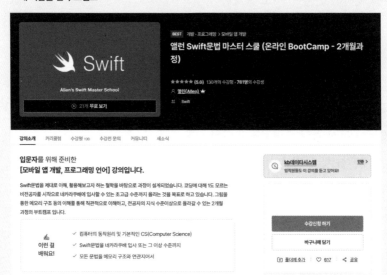

나는 이 강의를 운영하면서 삶의 많은 부분이 바뀌었다. 다시 창업하려던 아이템은 인생의 후순위로 밀렸지만 또 다른 행복한 순간들을 경험하고 있다. 많은 취업 준비생을 만나고 이 친구들이 신입 개발자로 취업하는 것을 도와주면서 뿌듯함을 느끼고 있다. 누군가는 감사 인사를 보내고, 누군가는 취업했다고 밥을 사 주기도 하고, 스승의 날이라고 선물을 보내 주기도 한다. 또 나 같은 사람이 되고 싶다며 내가 롤모델이라고 이야기해 주기도 한다. 그런 말을 들을 때마다 책임감을 느끼기도 하면서 개발이라는 매개체를 통해 누군가의 삶에 조금이라도 영향을 주고 있다는 것에 만족하며 행복한 나날을 보내고 있다.

　여러분에게도 개발이라는 것이 삶의 새로운 방향을 제시해 주는 매개체가 되면 좋겠다. 그리고 초반의 어려움을 잘 이겨내고 지나가길 바란다. 지금의 어려움만 잘 지내고 보면 생각보다 그리 어렵지 않게 언제 그랬냐는 듯 개발을 즐기고 있을 것이다. 당신이 개발자로서 딛는 한 걸음 한 걸음을 응원한다.

찾아보기